Familie heute

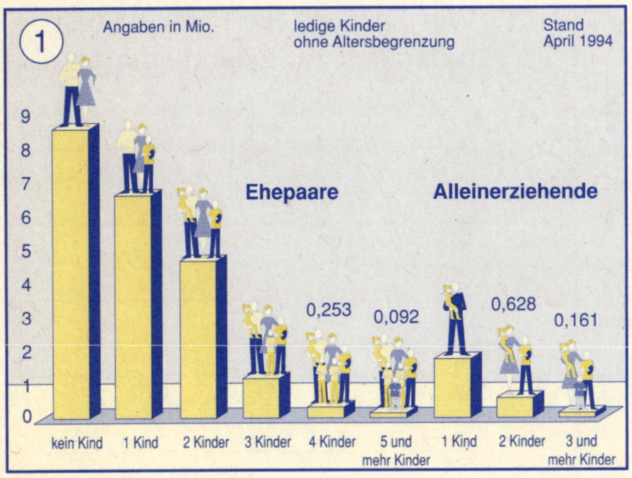

1. Setze die Aussagen der *Grafik 1* in eine Übersicht um. Benutze Stichworte.

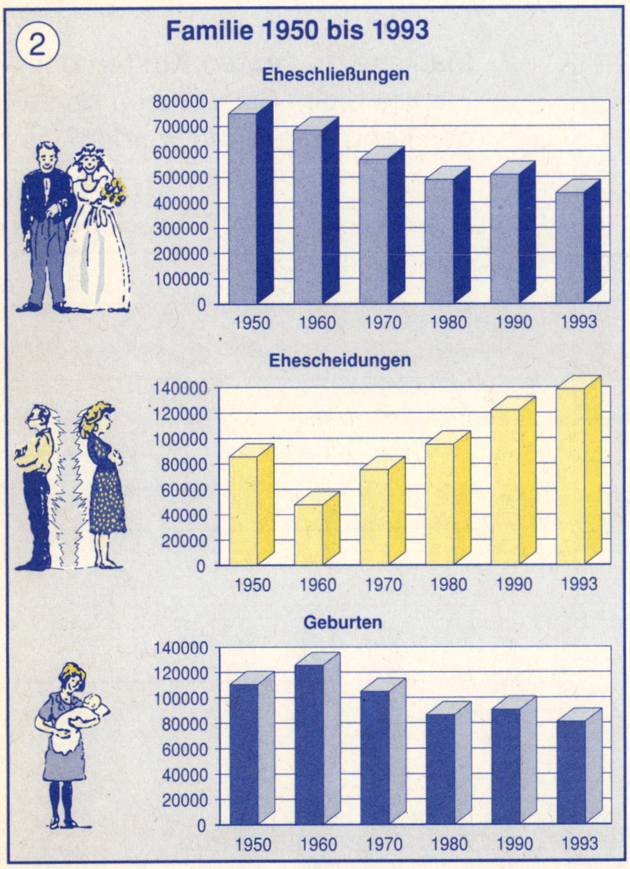

Entwicklung der Familie 1950 bis 1993

2. Beschreibe stichwortartig die in der *Grafik 2* dargestellten Entwicklungen. Achte auf unterschiedliche Zahlengrößen.

Bestellnummer 3-507-10348-6

Auskommen mit dem Familieneinkommen

monatliches Einkommen	Familie Stein hat zwei Kinder. Manuel, 12 Jahre, und Julia, 10 Jahre. Sie leben von Herrn Steins Einkommen. Frau Stein arbeitet gelegentlich im Krankenhaus.
monatlicher Verdienst (Nettoeinkommen)	Herr Stein: 2 500 DM Facharbeiter Frau Stein: 620 DM Krankenschwester
Kindergeld	für das 1. Kind 220 DM
	für das 2. Kind 220 DM
monatliches Gesamteinkommen	**3 560 DM**

monatliche Ausgaben	
Wohnungsmiete + Nebenkosten (Heizung, Strom, Wasser, Müllabfuhr)	1 190 DM
Versicherungen	180 DM
Kleidung, Schuhe	190 DM
Lebensmittel	1 300 DM
Auto	200 DM
Telefon, Zeitung, TV	180 DM
Rücklage für den Urlaub	100 DM
Einzahlung auf Sparbuch	200 DM
monatliche Gesamtausgaben	**3 560 DM**

1. Wie viel Geld hat Familie Stein monatlich zur freien Verfügung?

2. Markiere die **festen Kosten** der Familie Klein. Bei welchen Beiträgen kann eingespart werden?

3. Familie Stein braucht mehr Geld. Was könnte sie tun? Schreibe Vorschläge auf.

Bestellnummer 3-507-10348-6

SOZIAL KUNDE

ARBEITSHEFT

Schroedel

Inhaltsverzeichnis

Familienbilder

Auf den Fotos sind verschiedene Personengruppen abgebildet. Sie behaupten von sich: „Wir sind eine Familie". Kannst du zustimmen? Begründe.

Bestellnummer 3-507-10348-6

Zeit für Kinder

1. Was sagt „Defekt wegen Vernachlässigung“ aus?

____

____

2. „Mehr Zeit für Kinder!“ – Ein Lösungsweg? Nimm Stellung.

____

____

____

____

3. Versetze dich in die Situation des Jungen. Liste Wünsche auf, die er an seine Eltern haben könnte.

______________________ ______________________

______________________ ______________________

Bestellnummer 3-507-10348-6

Zuhause

1. Wie fühlen sich wohl die Kinder und die Erwachsenen in den einzelnen Bildszenen?

2. Suche passende Begriffe als Bildunterschrift.

Bestellnummer 3-507-10348-6

Sind Frauen und Männer gleichberechtigt?

1. Kennzeichne in Stichworten die unterschiedlichen Meinungen, die in den Sprechblasen deutlich werden.

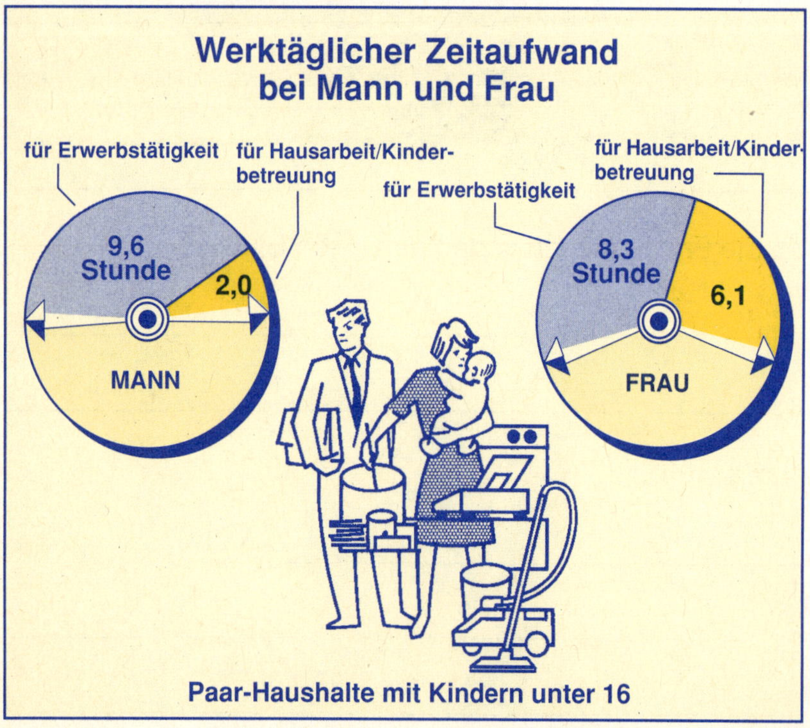

2. Bewerte die Belastung, die aus der Grafik deutlich wird.
A für die Frau:

B für den Mann:

Bestellnummer 3-507-10348-6

Die Clique

1. Welche Regeln der Clique werden in den Aussagen deutlich? Kennzeichne sie.

2. Welche nicht ausgesprochenen Regeln kannst du erfassen?

3. Was hält die Clique zusammen?

Bestellnummer 3-507-10348-6

Keine Macht den Drogen

1. Gib den Text von Magdalena mit eigenen Worten wieder.

2. Suche weitere Gründe, warum Drogen keine Macht im Leben eines Menschen haben sollten.

Bestellnummer 3-507-10348-6

Ausländische Kinder

In der Aussage wird die Haltung der beiden Jugendlichen zu Ausländern deutlich. Erkläre.

«In Deutsch bin ich schlecht. Aber im Tor ... da könnten sie's doch mal mit mir versuchen ...»

Stell dir vor, ein ausländischer Schüler käme nun in deine Klasse. Wie könntest du ihm helfen, dass er kein Außenseiter wird und sich schnell eingewöhnt?

Bestellnummer 3-507-10348-6

Freizeit in Gemeinschaft mit anderen

Die Fotos zeigen unterschiedliche Freizeitaktivitäten.
Welche Interessen und Fähigkeiten sollten deiner Meinung nach die Personen zur Ausübung ihrer Freizeitaktivität mitbringen? Notiere.

1. ____________________

____

2. ____________________
3. ____________________
4. ____________________
5. ____________________

____

1. ____________________

____

2. ____________________
3. ____________________
4. ____________________
5. ____________________

____

1. ____________________

____

2. ____________________
3. ____________________
4. ____________________
5. ____________________

____

Bestellnummer 3-507-10348-6

Bestellnummer 3-507-10348-6

Freizeitaktivitäten

Mit welchen Aktivitäten verbringen wohl die in der Abbildung dargestellten Jugendlichen ihre Freizeit? Schreibe Stichwörter in die jeweilige Sprechblase.

Berichterstattung unter der Lupe

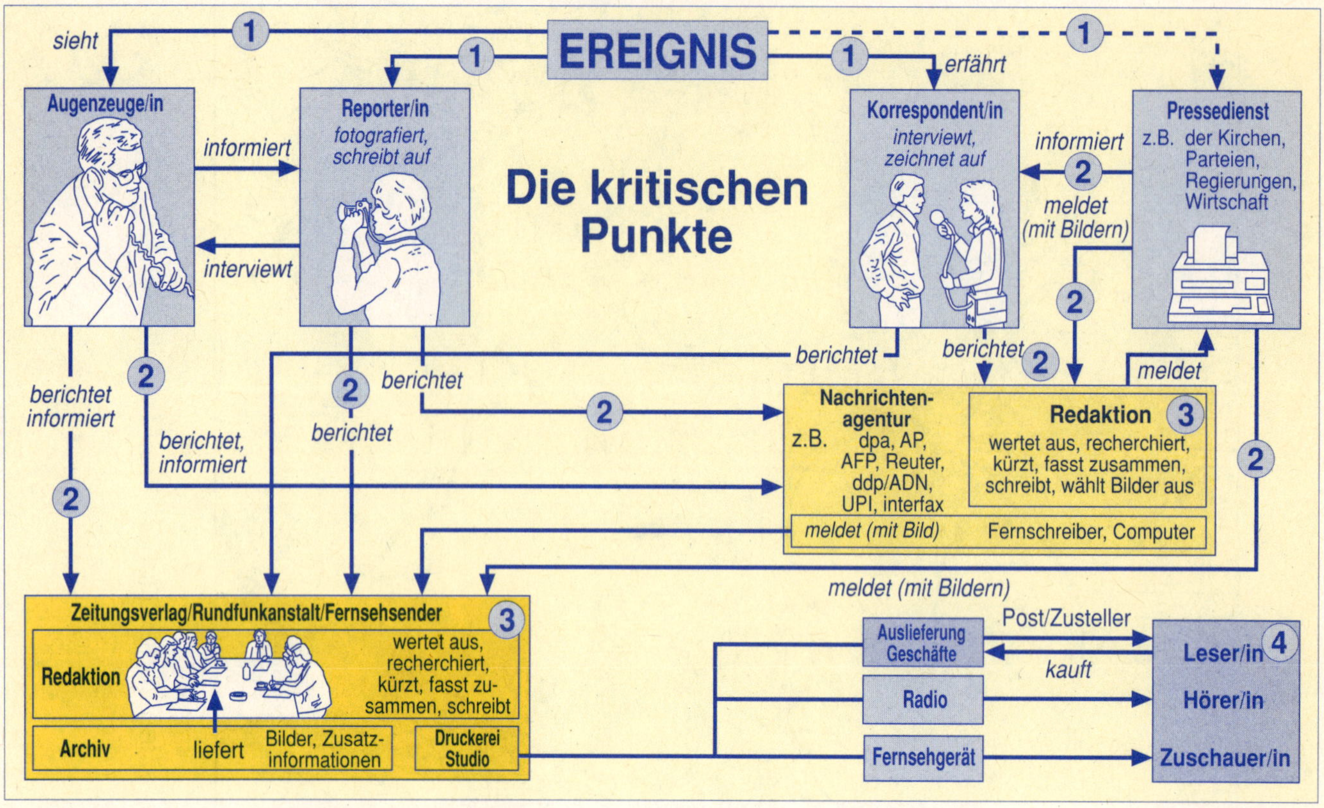

1. Beschreibe den Weg der Berichterstattung. Wo liegen die krititschen Punkte der Berichterstattung?

(1.) kritischer Punkt: ______________________________

____

(2.) kritischer Punkt: ______________________________

____

(3.) kritischer Punkt: ______________________________

____

(4.) kritischer Punkt: ______________________________

____

2. Auch Leser, Hörer oder Seher können die Nachricht je nach ihren persönlichen Situationen unterschiedlich aufnehmen. Beschreibe kurz.

____

____

Bestellnummer 3-507-10348-6

Vergleich: öffentlich-rechtliche und privat Fernsehsender

Das Erste

6.55 Olympia live
6.55 Viererbob
3. u. 4. Lauf; Eiskunstlauf: Schaulaufen der Sieger; Eishockey: Spiel um Platz 3
10.55 Ski alpin: Slalom der Herren; Biathlon: 4x7,5 km Staffel Herren; Short Track: 1000 m Damen und 500 m Herren, 5000 m Staffel Herren
12.30 Tagesschau
12.35 Olympia-Club
Höhepunkte des Tages, Reportagen und Gäste Mit Gerhard Delling
14.30 Sportschau
Themen: Tennis live WTA-Turnier in Hannover Halbfinale Damen-Einzel Reporter: Gerhard Meier-Röhn und H.-J. Pohmann Olympia extra: Bericht vom 15. Tag Fußball: Berichte und Infos zur Nationalmannschaft in Saudi-Arabien Dazwischen: ca. 16.00 Tagesschau
18.00 Tagesschau
18.10 Brisant
Magazin *Infos:* 144
18.45 Großstadtrevier
Dt. Polizeiserie (1996) mit Andrea Lüdke, Jan Fedder u.a. Karambolage
19.39 Vorschau
19.41 Wetter
19.50 Lotto
Zahlen über 752
20.00 Tagesschau
20.15 Alaaf-Kölner Jubiläumssitzung

175 Jahre Karneval in Köln Moderation: H. H. Engels und Konrad Beikircher Für Stimmung sorgen u.a. die Kölner Prinzengarde (Foto), Bläck Fööss und Höhner, Wolfgang Reich, Margit Sponheimer und Willy Millowitsch.
22.15 Tagesthemen
Mit Sport
22.35 Das Wort zum Sonntag
Jeanette Köster, Bremen
22.40 Arachnophobia
FILM US-Horrorfilm (1990) Auf dem Grundstück des Arztes Dr. Jennings hat sich eine hochgiftige Spinne eingenistet...
0.25 Tagesschau
0.35 Olympia live
0.55 Skinord. 50 km Langlauf (H) Reporter: H.-R. Scheu
4.00 Olympische Rückblicke auf die Winterspiele

ZDF

5.35 Adoptiertes Glück US-Drama ('41)
7.00 Für Kinder
9.55 Just For Fun
10.00 Der Plakatierer oder die Drei von der Kreuzung Dt. Serie (1991)
10.25 Für Kinder
11.20 Chart Attack
12.05 Diese Woche
12.25 Gesundheit
12.30 Nachbarn
13.00 heute
13.05 Pippi Langstrumpf Jugendserie
13.30 Tabaluga tivi Kindershow
15.00 Reiselust Themen: Kanada; Winter in Österreich; Gambia
15.30 Kaffeeklatsch
16.00 Conrad & Co. Talkshow Thema: Heimkinder
16.49 moment mal – Neues aus dem ZDF
17.00 heute
17.05 Länderspiegel *Infos:* 144
17.45 mach mit
17.55 Forsthaus Falkenau Dt.-österr. Serie (1994) mit Christian Wolff, Nora von Collande Viel Lärm um Falkenau Martins Forstrevier soll aufgelöst werden...
18.50 Guten Abend Vorschau
19.00 heute / Wetter
19.25 Unser Charly Dt.-schweizer. Familienserie (1997) Charly, der Bruchpilot
20.15 Das Beste aus „Versteckte Kamera"

Thomas Ohrner (Foto) führt Prominente hinters Licht. Die Opfer sind: Veronika von Quast (Foto), Sportmoderator Reinhold Beckmann u.a.
21.45 heute-journal Akt. Berichte
21.58 Wetter
22.00 Aktuelles Sport-Studio Mit Michael Steinbrecher *Wh. in 3sat um 1.10 Uhr*
23.20 R.SH Gold – die Party Moderation: Mike Diehl und Dennis Wilms Mit dabei sind Pappa Bear, Bell Book & Candle, Funky Diamonds, Nana, Scooter, Chilli, No Mercy, Lutricia McNeal u.a.
1.00 heute
1.05 Sklavin des Herzens FILM Drama (1949)
3.00 Allein gegen die Mafia It. Serie ('83/6)
4.15 Schach dem Mörder FILM US-Krimi (1956)
5.25 Straßenfeger

RTL

5.30 Trickserien
7.30 Barney – Serie
8.00 Whishbone
8.30 Team Disney
10.50 Power Rangers US-Serie (1996)
11.15 Casper US-Zeichentrickserie ('97)
11.35 Woody Woodpecker US-Trickserie
12.15 Katts & Dog US-Polizeiserie (1994)
13.05 Full House US-Comedyserie (1990)
13.35 Eine starke Familie US-Serie (1994)
14.00 Der Prinz von Bel-Air US-Comedy ('95)
14.25 Auf schlimmer und ewig US-Comedyserie (1996)
14.55 Die Nanny US-Comedyserie (1995)
15.25 Living Single US-Serie ('94)
15.55 Beverly Hills, 90210 US-Serie ('97)
16.55 Party Of Five US-Serie ('96) Aus der Traum (2)
17.50 Melrose Place US-Jugendserie (1997) mit Andrew Shue Kimberleys letzte Intrige Mit allen Mitteln versucht Kimberley zu erreichen, daß Michael zu ihr zurückkehrt. Amanda erfährt die Wahrheit über Peters Affäre mit Taylor.
18.45 RTL aktuell Mit Sport und Wetter
19.10 Explosiv – Weekend Boulevard
20.15 100 000 Mark Show

Mit Ulla Kock am Brink – Heute kämpfen wieder vier Kandidatenpaare um den Hauptgewinn von 100 000 Mark. Mit dabei sind Boris und Charlotte aus Hamburg (Foto), Jochen und Jonna aus Köln sowie Marc und Veronika aus Bonn.
22.00 Wie bitte?! Die Show, die sich einmischt
23.00 Samstag Nacht Comedy, Musik und Satire – Heute zu Gast: Regisseur Sönke Wortmann – Übrigens: In Wortmanns neuem Film „Der Campus" spielt Stefan Jürgens die Rolle eines Uni-Dozenten.
0.00 Ned & Stacey
0.25 Auf schlimmer und ewig
0.50 Living Single
1.15 Prinz von Bel-Air (Wh. v. 14.00)
1.40 Melrose Place
2.30 Samstag Nacht
3.25 Beverly Hills

SAT.1

5.50 Geliebte Schwestern Drei Folgen
7.05 Freund Ben VPS 7.25
7.35 Lassie – Serie VPS 7.50
8.05 Für Kinder VPS 8.20
9.55 Arsène Lupin VPS 10.10
10.20 Heartbreak VPS 10.35
11.15 Pacific Drive VPS 11.30
12.10 Kommissar Rex Dt. Serie (1997) VPS 12.20
13.10 Mein bester Freund FILM US-Abenteuer VPS 13.20
15.00 Raumschiff Enterprise US-Serie (1966–69)
16.00 Star Trek – Raumschiff Voyager US-Sci-fi-Serie (1996) Die 37er 275
17.00 BZZZ – Singles am Drücker
17.55 Millionenspiel SKL-Ziehung
18.00 ran – Fußball
18.15 Manta – Der Film FILM Dt. Komödie VPS 18.20 ('91) mit Helge Schneider Eigentlich wollte Fred nach der Führerscheinprüfung einen Golf GTI kaufen. Doch dann gewinnt er bei einer Tombola einen Opel Manta. Der „Maurer-Porsche" verändert sein Leben...
20.15 Voll Normaaal

FILM (Dt., 1994) mit Veronica Ferres u.a. Tommie (Tom Gerhard, l.) ist Hilfsarbeiter in einer Autowerkstatt in Köln. Dort kann er seiner großen Leidenschaft frönen und seine Sammlung seltener Auspuffe vervollständigen. Als er allerdings das gute Stück von dem Zuhälter Jupp mitgehen läßt, kriegt er jede Menge Ärger.
22.10 Die Wochenshow Witzige Nachrichten mit Ingolf Lück, Anke Engelke, Marco Rima u.a.
23.10 Die Nächte der Gamiani FILM Frz. Erotikfilm (1974) mit Denyse Roland u.a.
0.40 J.A.G. – Im Auftrag der Ehre
2.20 alphateam
3.15 Bube, Dame, Hörig (Wh. v. Fr.)
3.40 MacGyver
4.30 Pacific Drive VPS 4.45

1. Trage über jedem Sender jeweils ein, ob es sich um einen öffentlich-rechtlichen oder privaten Sender handelt.
2. Markiere in dem abgedruckten Programm die Informationssendungen mit einem grünen Farbstift, die Unterhaltungssendungen mit einem roten Farbstift.
3. Trage in eine Tabelle auf einem DIN-A4-Blatt die vier Sender und die Zahl der Informationssendungen ( ) sowie der Unterhaltungssendungen ( ) ein. Vergleiche das Angebot.

Bestellnummer 3-507-10348-6

Kontrolle des öffentlich-rechtlichen Rundfunks

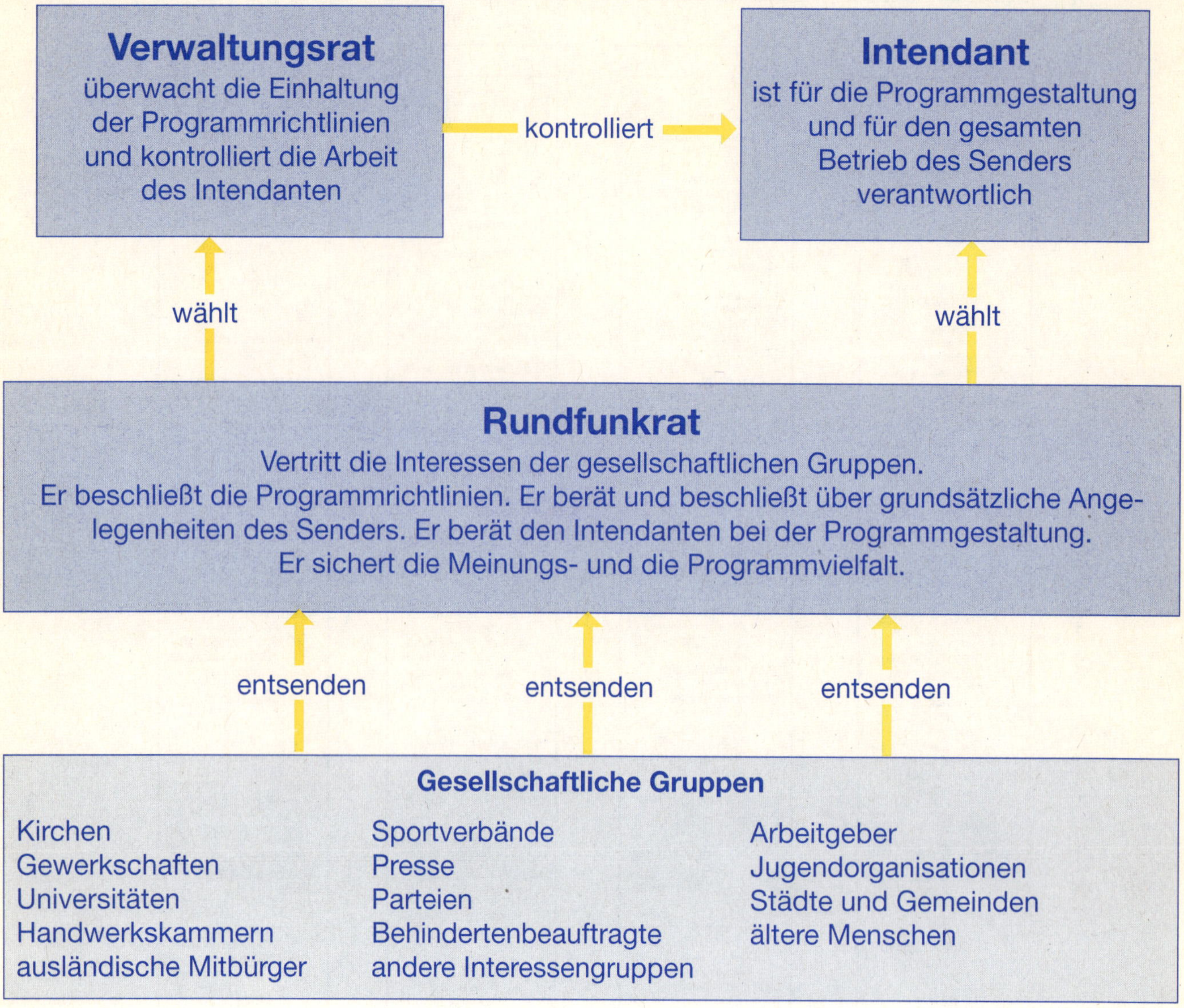

Die Aufgaben des Rundfunkrates

Fülle die Lücken aus.

An der Spitze einer Sendeanstalt steht der _ .

Er ist für die _ _ _ _ _ _ _ _ _ _ _ _ _ _ _ _ _ _ verantwortlich und ist der _ _ _ _ _ _ _ des Senders.

Der _ _ _ _ _ _ _ _ _ _ _ _ wählt den Intendanten und den _ .

Der Verwaltungsrat _ _ _ _ _ _ _ _ _ _ _ _ _ _ _ den Intendanten.

Im Rundfunkrat (beim ZDF heißt er Fernsehrat) sind die wichtigen gesellschaftlichen Gruppen vertreten. Dazu gehören z. B. ____

____.

Die Beteiligung vieler wichtiger gesellschaftlicher Gruppen und Organisationen soll die P _ und die M _ sichern.

Bestellnummer 3-507-10348-6

Ein Medienkonzern

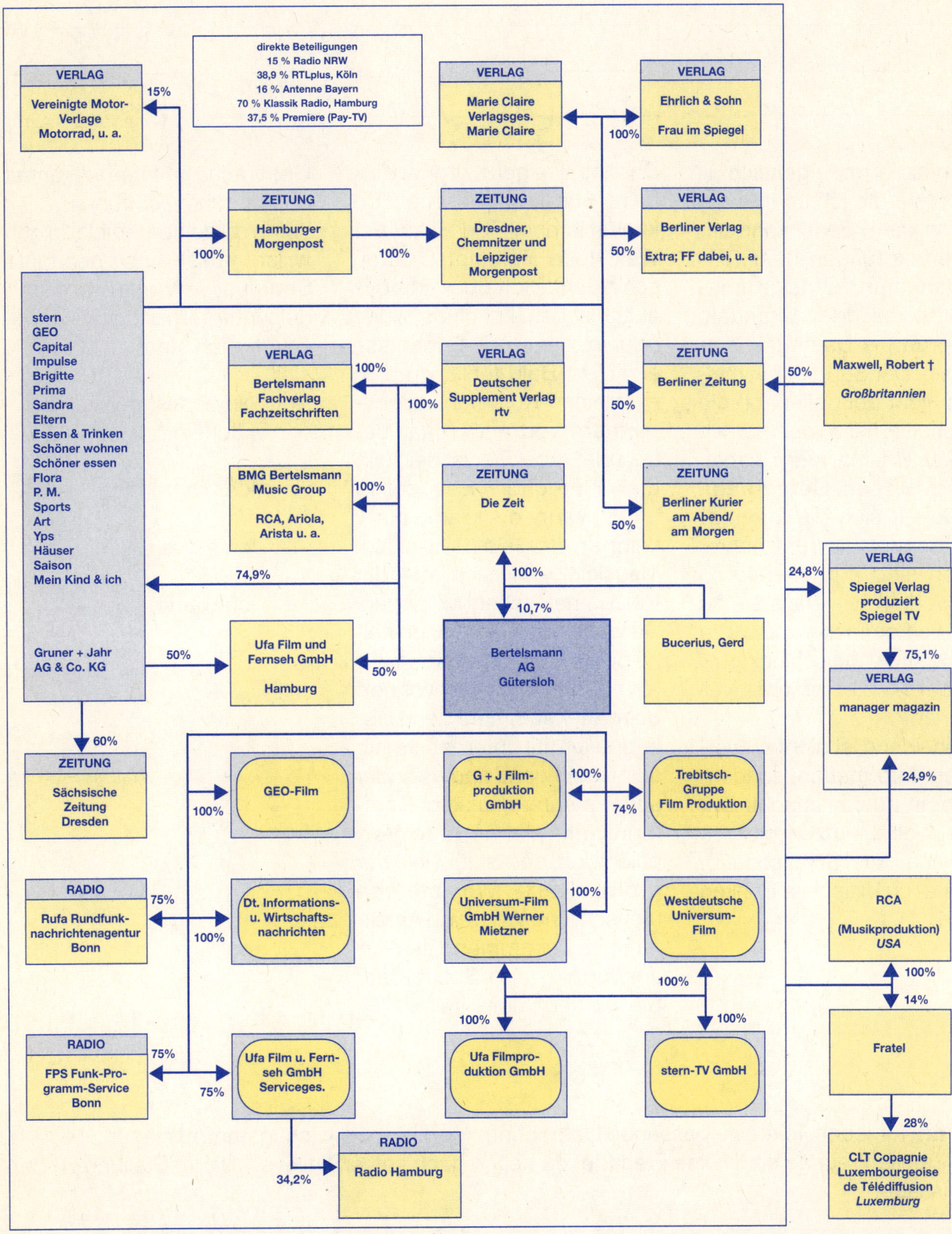

1. Markiere in dem abgedruckten Schema Zeitungen, Verlage, Radiosender, Nachrichtendienste, Filmproduzenten und Musikhersteller jeweils mit einer anderen Farbe, die der Bertelsmann AG zu 100 % gehören.
2. Markiere die Beteiligungen zu weniger als 100 % entsprechend.
3. Stelle eine Liste zusammen, an welchen Zeitungen, Verlagen, Radiosendern, Nachrichtendiensten, Filmproduzenten und Musikherstellern die Bertelsmann AG beteiligt ist.

Bestellnummer 3-507-10348-6

Informationen aus dem Internet

Was nützen mir eigentlich all die Daten, die ich im Internet abrufen kann? Jeder kann seine Behauptungen über Rinderwahnsinn, Ufos, Klimakatastrophe oder Skandale ungeprüft ins Datennetz einspeisen. Der Surfer kann meistens nicht beurteilen, ob die Botschaft ernst zu nehmen ist. Blanker Unsinn steht neben Vernünftigem. Heutzutage verdoppelt sich die Informationsmenge alle fünf Jahre. „Daten sind mittlerweile so viele vorhanden, dass sie zu Abfall verkommen – und wir zu regelrechten Müllschluckern", sagt der Medienforscher Neil Postman.
Entscheidend ist nicht die verfügbare Information, sondern was man aus ihr macht. Um sie sinnvoll zu nutzen, braucht man eine gute Schulbildung, zu der auch kritisches Denken gehört.

Das ist der ganz große Kick beim Surfen im Internet: Du kannst schnell überall auf der Welt neue Bekanntschaften schließen. Dich über Hobbys austauschen, Fanclubs bilden oder gegenseitig Erlebnisse erzählen. Bald fühlst du dich mit deinen Kommunikationspartnern vertraut, sogar befreundet. Aber wer ist dein ‚virtueller Freund'? Besucht er dich, wenn du krank bist? Leiht er dir Geld? Mit einem Mausklick kann sich jeder der Netzgemeinschaft entziehen. Du weißt nicht einmal, ob seine persönlichen Angaben wie Name, Geschlecht, Wohnort oder Alter stimmen, denn viele spielen im Internet damit, einmal ein ganz anderer oder sogar mehrere zu sein. Kommunizieren ohne jede Verpflichtung, das ist für viele der große Reiz. Wo bleiben menschliche Werte wie Anteilnahme, Zusammenhalt, Verantwortung und Solidarität? Sie werden immer seltener.

Gespräche im Internet kannst du nur schriftlich führen. Wenn du deine Gefühle zeigen willst, musst du so genannte Smileys verwenden, damit dein Internetpartner weiß, wie es um dich steht.

:-)	einfaches, normales Lächeln
:-(	Ich bin traurig.
:-@	Ich schreie.
:'-(	Ich weine.

1. Finde für jeden Text eine passende Überschrift. Markiere die wichtigsten Aussagen.
2. „Virtuelle Freunde sind keine Freunde, da helfen auch keine Smileys." Nimm Stellung zu der Aussage.

Bestellnummer 3-507-10348-6

Medien im Spiegel der Karikatur

Mit Karikaturen werden oft Missverständnisse übertrieben dargestellt. Der gezeichnete Sachverhalt macht das Problem besonders deutlich. Die Kritik regt zum Nachdenken an.

1)

1) ______________________________

2) ______________________________

2)

3)

(aus: Das Parlament, 44. Jg., Nr. 41, 10/94, S. 3)

3) ______________________________

1. Setz dich mit den Karikaturen auseinander: Was wird ausgesagt? Welcher Sachverhalt wird kritisiert?
2. Schreibe kurz deine Meinung zu dem Sachverhalt auf.

Bestellnummer 3-507-10348-6

Findest du es heraus?

Die Antworten für die folgenden Fragen stecken in dieser Zusammenstellung:

abonniert, Aufmacher, PC, beeinflussen, Bildschirmtext, Fernsehrat, Freizeitbeschäftigung, gesellschaftlicher, Kabelfernsehen, Kirchen, Kommentar, kritisch, manipulieren, Massenmedien, Parteien, Presseagentur, Presse- und Meinungsfreiheit, Rundfunkrat, Satellitenfernsehen, schädlich, Wohlfahrtsorganisationen, Verleger, Videorecorder.

Man fasst Zeitungen, Radio und Fernsehen auch unter dem Begriff _ _ _ _ _ _ _ _ _ _ _ _

_ _ _ zusammen.

Der Hauptartikel einer Zeitung auf der ersten Seite heißt _ _ _ _ _ _ _ _ _ _ _ _.

Der Redakteur schreibt seine Meinung zu einem Ereignis im _ _ _ _ _ _ _ _ _ _ _ _.

Zeitungen, die man _ _ _ _ _ _ _ _ _ _ hat, bekommt man regelmäßig zugestellt.

Die dpa ist eine _ mit Sitz in Deutschland.

Der _ _ _ _ _ _ _ _ _ _ ist Eigentümer der Zeitung.

Das Grundgesetz garantiert die _ _ _ _ _ _ _ _ - _

_ _ _ _ im Artikel 5.

Das ZDF wird durch den _ _ _ _ _ _ _ _ _ _ _ _ _ kontrolliert, die ARD durch den _ _ _

_ _ _ _ _ _ _ _ _ _ _ _. In den Rundfunkrat bzw. Fernsehrat werden Mitglieder verschiedener _ Gruppen entsandt.

Sie gehören den _ _ _ _ _ _ _ _ _ _, _ _ _ _ _ _ _ _ _ _, _ _ _ _ _ _ _ _ _ _ _ _ _ _ _

_ _ _ _ _ _ _ _ _ _ _ _ _ _ _ _ _ und anderen Gruppen an.

Für die meisten Jugendlichen ist fernsehen eine beliebte _ _ _ _ _ _ _ _ _ _ _ _ _ _ _ _ _

_ _ _ _ _ _ _ _ _ _ _, aber wenn man zu viel fernsieht, kann es _ _ _ _ _ _ _ _ _ _ _ _

sein. Fernsehfilme und vor allem Werbung im Fernsehen _ _ _ _ _ _ _ _ _ _ _ _ _ _ _ _ die Menschen.

Richtig fernsehen heißt _ _ _ _ _ _ _ _ _ _ fernsehen.

„Neue Medien" sind _ _ _ _ _ _ _ _ _ _ _ _ _ _ _ _ _ _ _, _ _ _, _ _ _ _ _ _ _ _ _ _ _ _

_ _ _ _ _ _ _, _ _ _ _ _ _ _ _ _ _ _ _ _ _ _ _ _ _ _, und _ _ _ _ _ _ _ _ _ _ _ _ _ _ _

_ _ _.

Bestellnummer 3-507-10348-6

Aufgabenverteilung zwischen Bund, Ländern und Gemeinden

Ebene der Vertretung	Aufgaben	Zuständige Gremien
Bund Bundesrepublik Deutschland	z. B. Außenpolitik Verteidigung/Zoll Wirtschaft/Finanzen	Bundesregierung mit Ministerien
Land z. B. Rheinland-Pfalz	z. B. Umweltschutz Bildung Polizei Finanzen Landwirtschaft/Weinbau	Landesregierung mit Ministerien
Regierungsbezirke z. B. Rheinhessen-Pfalz, Koblenz/Trier	z. B. übergeordnete Verwaltungsaufgaben Museen großes Krankenhaus im Reg.-Bezirk	Bezirksregierungen mit Verwaltungsbehörden
Stadt/Landkreise z. B. Kaiserslautern/ Südliche Weinstraße	Der Landkreis übernimmt Aufgaben, für die die einzelne Gemeinde zu klein ist, z. B. Krankenhäuser Schulzentren	Bürgermeister/Bürgermeisterinnen Landräte/Landrätinnen Kreis- und Stadtverwaltungen
Samtgemeinde oder Verbandsgemeinde z. B. Bad Bergzabern **Gemeinde** z. B. Klingenmünster	z. B. Ortsplanung Straßenbau Meldewesen Sport- und Freizeitanlagen Schulen	Bürgermeister/Bürgermeisterinnen der Samtgemeinden, Verbandsgemeinden und Gemeinden Samtgemeinde-, Verbands- und Gemeindeverwaltungen

1. Beurteile die Aufgabenteilung zwischen Bund, Ländern und Gemeinden.

____

____

____

2. Wie ist die Aufgabenverteilung in deinem Bundesland?

____

____

Bestellnummer 3-507-10348-6

Interesse an Politik

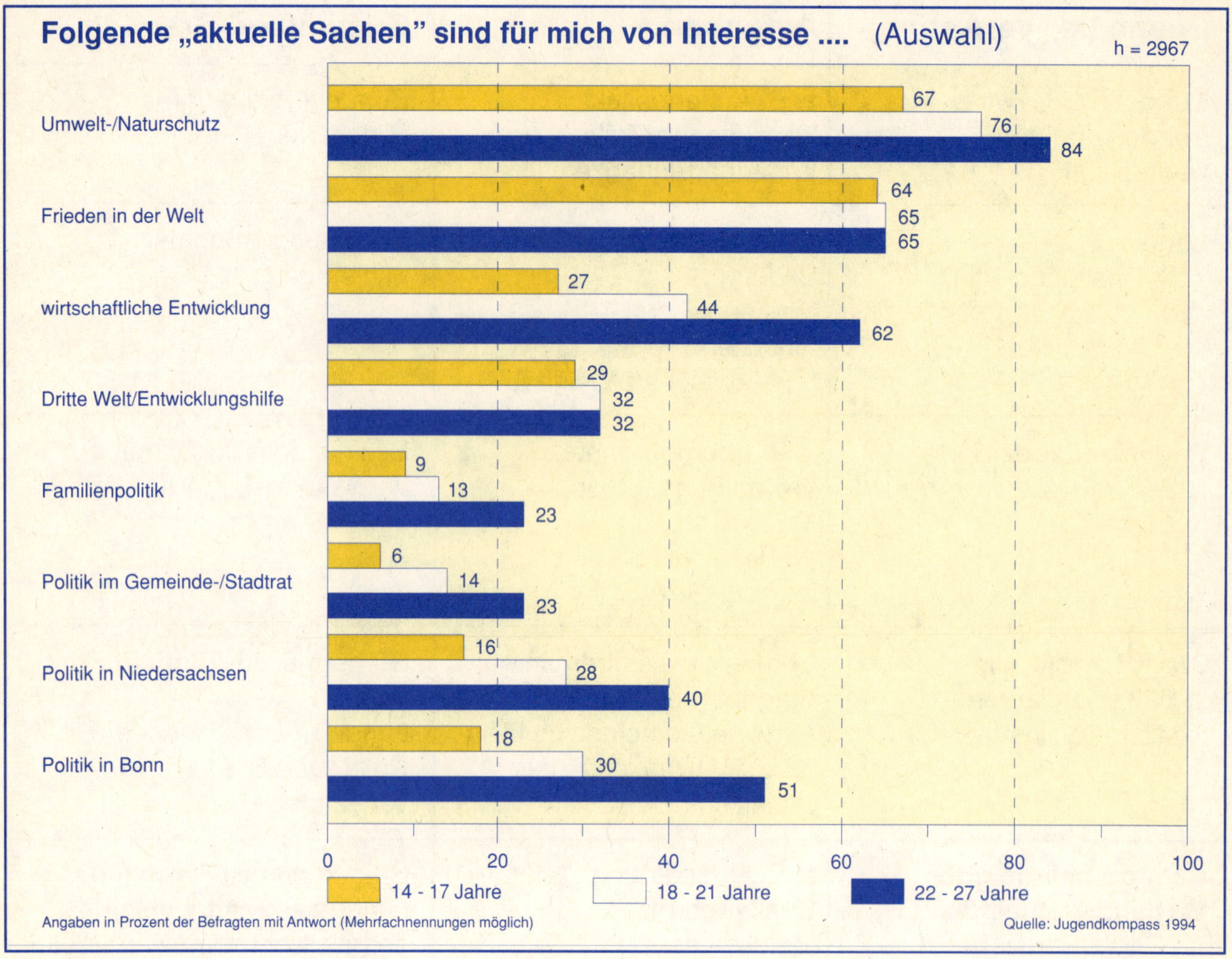

1. Welche Interessen werden für deine Altersgruppe deutlich?

2. Überlege Gründe für das unterschiedliche Interesse an politischen Themen.

Bestellnummer 3-507-10348-6

Wahlkampf – Wahlwerbung – Wählergruppen

Betrachte nacheinander die beiden Wahlplakate. Beantworte folgende Fragen:

1. Was wird auf dem Plakat dargestellt?

2. Welche Informationen enthält das Wahlplakat?

3. Was wird durch das Plakat in Aussicht gestellt?

4. Begründe, welche Wählergruppe deiner Meinung nach durch das Plakat besonders angesprochen wird.

Bestellnummer 3-507-10348-6

Das Wahlsystem

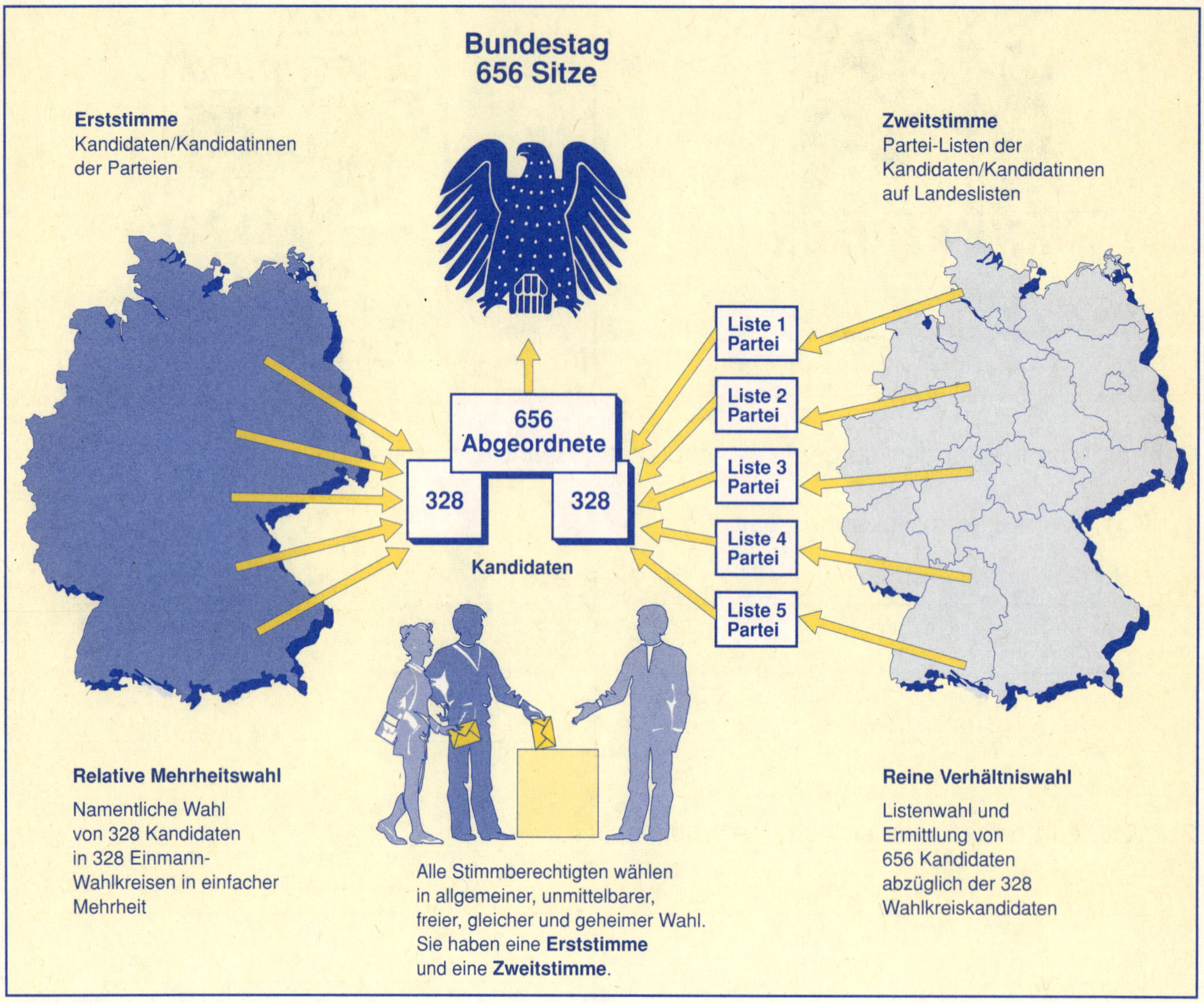

Erkläre mit eigenen Worten, wie das Wahlsystem funktioniert.

Bestellnummer 3-507-10348-6

Wahlprogramme der Parteien (1)

1. Welche Forderungen werden zum Schutz der Umwelt vorgeschlagen?

SPD Gesamtwirtschaftlich ist nichts vernünftig, was ökologisch unvernünftig ist.
Das ökologisch Notwendige muss daher Prinzip auch betriebswirtschaftlichen Handelns werden. Wir dürfen der Natur nur abverlangen, was sie uns ohne nachhaltige Schäden liefert. Wir müssen Güter herstellen und verwenden, die dem Stoffkreislauf der Natur angepasst sind.
(aus: Grundsatzprogramm der SPD, Berlin 1989, S. 37f.)

CDU Wir treten für das neue Verständnis von Wachstum ein, indem wir mit der Ökologischen und Sozialen Marktwirtschaft über den Weg zu ökologisch ehrlichen Preisen die Kosten für die Inanspruchnahme von Umwelt und unterlassener Umweltvorsorge einbeziehen.
(aus: Grundsatzprogramm der CDU, beschlossen vom 5. Bundesparteitag, 20.–23. 2. 1994 in Hamburg, S. 107)

F.D.P. Die Verantwortungsgesellschaft schützt die natürlichen Lebensgrundlagen. Die Liberalen setzen der ökologischen Staatswirtschaft die ökologische Marktwirtschaft entgegen. Umweltschutz muss sich lohnen. Wer Umwelt schont, muss sich auch ökonomisch besser stehen als der, der Umwelt schädigt.
Dies erfordert ein Umdenken bei Produzenten und Konsumenten.
(aus: Entwurf für das neue Grundsatzprogramm der F.D.P., Bonn 1996, S. 36f.)

Bestellnummer 3-507-10348-6

Wahlprogramme der Parteien (2)

Bündnis 90/ Die Grünen

Die Wirtschaftsweise muss sich den natürlichen Kreisläufen annähern, sie muss Ressourcen schonend und Energie sparend, naturnah und nachhaltig gestaltet werden. Ökologisch belastende Verhaltensweisen müssen die entsprechenden ökonomischen Belastungen nach sich ziehen oder stärker als bisher durch Verbot und Strafe verhindert werden.

(aus: Bündnis 90/Die Grünen: Politische Grundsätze, Bornheim, o. J., S. 26)

PDS

Der Verantwortung für die Abwehr globaler ökologischer Katastrophen können wir nur gerecht werden, wenn in der BRD die Produktions- und Lebensweise grundlegend verändert wird. Wir setzen uns vorrangig dafür ein,

- die Müll- und Betonstrategie zu beenden, den Stoff- und Energieverbrauch in der BRD schnell zu senken, die weitere Beeinträchtigung des Klimas und die zerstörerische Verschmutzung von Boden und Wasser aufzuhalten.

  (aus: Programm der Partei des Demokratischen Sozialismus [PDS], beschlossen vom 3. Parteitag der PDS, Januar 1993, S. 10f.)

2. Gib die jeweils wichtigste Forderung in eigenen Worten wieder.

Bestellnummer 3-507-10348-6

Bürgerinitiative

Eine Bürgerinitiative hat sich zusammengeschlossen und tritt für die Einrichtung einer Tempo-30-Zone ein. Sie hat ihre Überlegungen und einzelne Aktionsschritte auf Pappkarten festgehalten.

1. Bringe die Karten in die richtige Reihenfolge, damit die Aktion erfolgreich abgeschlossen werden kann.
2. Schreibe dazu Zahlen von 1 bis 8 in die Kreise neben den abgebildeten Karten.

Bei Mitgliedern des Gemeinderats telefonisch nachhaken. Bei Medieninteresse eventuell Veranstaltung einer Pressekonferenz.

Information des betroffenen Viertels durch ein Flugblatt. Das Schreiben sollte Ansprechpartner nennen und zu einem Info-Abend einladen.

Die Gemeinde schlägt statt Tempo 30 Ampeln bzw. Zebrastreifen vor. Die Bürger stimmen ab: Die Mehrheit ist nicht einverstanden.

DIE LÖSUNG: Das Ziel ist erreicht. Die Gemeindeverwaltung lässt sich nach harten Verhandlungen überzeugen: Die Straße wird zur Tempo-30-Zone.

Forderungen abfassen, von möglichst vielen unterzeichnen lassen. Adressaten sind Bürgermeister und Gemeinderat. Kopie an lokale Medien.

Mit anderen Betroffenen Kontakt aufnehmen. Gemeinsam einen Vorschlag erarbeiten. Ergebnis: Alle sind für Tempo 30.

Veranstaltung eines Info-Abends. Nachdem die Strategie festgelegt ist, erfolgt ein formloser Zusammenschluss zu einer Bürgerinitiative.

DAS PROBLEM: Anwohner wollen eine Straße, in der Kinder spielen, zur verkehrsberuhigten Zone machen. Brief an die Gemeinde bleibt unbeantwortet.

(aus: Freundin 24/1996, S. 70)

Bestellnummer 3-507-10348-6

Bürgerinnen und Bürger nehmen Einfluss

Bürgerinnen und Bürger wirken mit

Bundestag
Bundestagswahlen

Bundesregierung
indirekt über Bundestagswahlen

Bundespräsident
Briefe

Bundesrat
Landtagswahlen

Bundesverfassungsgericht
Verfassungsbeschwerden

Landtage, Kommunalverwaltungen
Landtags- und Kommunalwahlen
Volksbegehren
Volksinitiative
Bürgerantrag

Petitionsrecht
Briefe an Bundestag, an Landtage

Bürgerinitiativen
Mitgliedschaft
Flugblätter
Leserbriefe

Massenmedien
z.B. Leserbriefe

Parteien
Mitgliedschaft

Verbände
Mitgliedschaft

Löse mithilfe der Abbildung das Kreuzworträtsel

1. Jugendliche, die das erste Mal wählen
2. Bürgerinnen und Bürger wählen Abgeordnete für die Gemeinde
3. Chefin einer Gemeinde
4. Bürgerin oder Bürger schreibt an Zeitung zu einem Artikel
5. öffentliche Kundgebung
6. Interessenvertretung
7. Erster Repräsentant in der Bundesrepublik
8. Bürger klagt gegen eine Verletzung seiner Grundrechte
9. politische Organisation
10. Blatt mit politischen Informationen, die auf einen Missstand hinweisen
11. Bürger organisieren sich gegen den Bau einer Müllverbrennungsanlage
12. Presse, Rundfunk und Fernsehen
13. Bürgerin schreibt Beschwerdebrief an den Bundestag
14. Zettel für Bürgerinnen und Bürger mit der Aufschrift „Baut eine Inliner-Bahn im Zentrum“
15. Bürger tragen sich in eine Liste für den Neubau eines Kindergartens ein

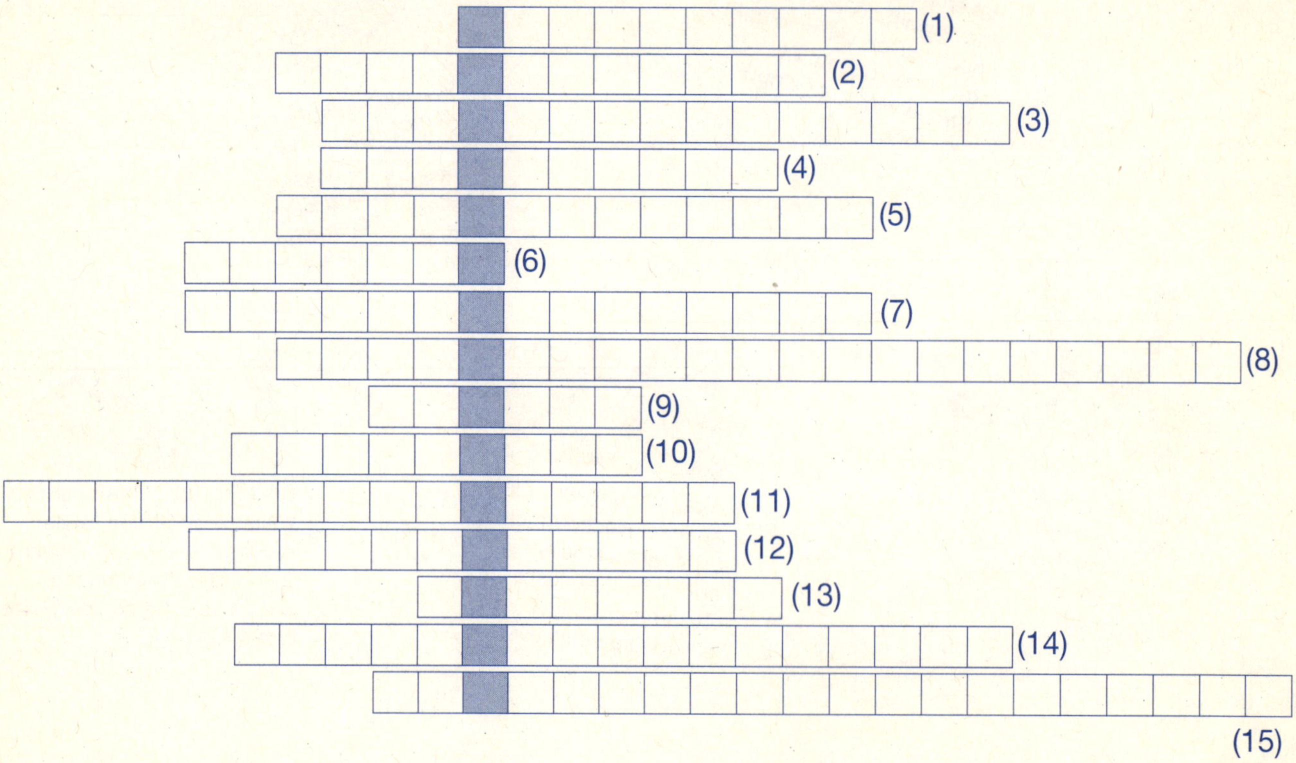

Bestellnummer 3-507-10348-6

Unterschiedliche Kommunalverfassungen in den Ländern

Norddeutsche Ratsverfassung
Der Gemeinderat wählt sowohl einen Bürgermeister oder eine Bürgermeisterin als auch einen Gemeindedirektor (*Zweigleisigkeit*). Die Vertretung der Bürgerschaft hat eine relativ starke Position gegenüber der Verwaltung.

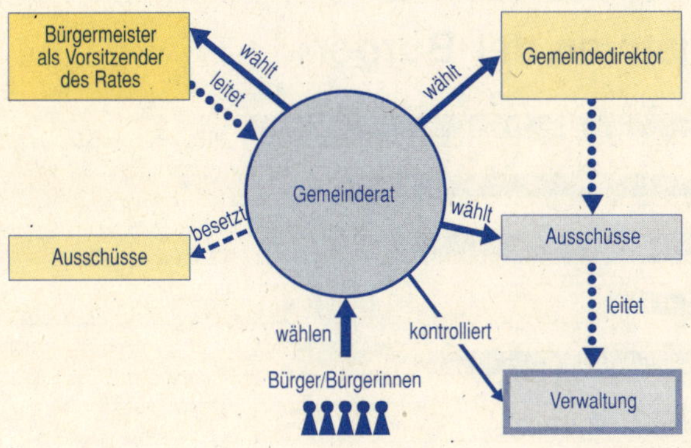

- Niedersachsen (im Umbruch)
- Nordrhein-Westfalen

Bürgermeisterverfassung
Bürgermeister oder Bürgermeisterin und Beigeordnete werden vom Stadtrat gewählt. Der Bürgermeister oder die Bürgermeisterin leitet mit Unterstützung der Beigeordneten die Verwaltung. Gleichzeitig ist er oder sie aber auch Vorsitzender des Rates (*Eingleisigkeit*).

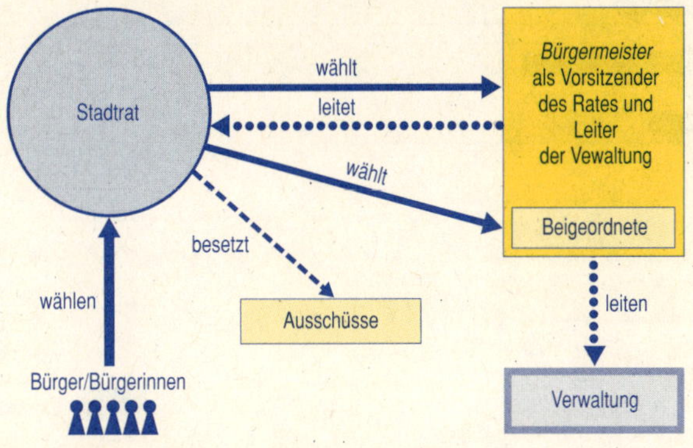

- Rheinland-Pfalz
- Saarland
- Landgemeinden in Schleswig-Holstein
- neue Entwicklung in Niedersachsen

Die unterschiedlichen Kommunalverfassungen haben wesentlichen Einfluss auf den Ablauf der Kommunalpolitik. Erkläre diese Aussagen am Beispiel der oben dargestellten Verfassungen.

Bestellnummer 3-507-10348-6

Engagement in der Gemeinde

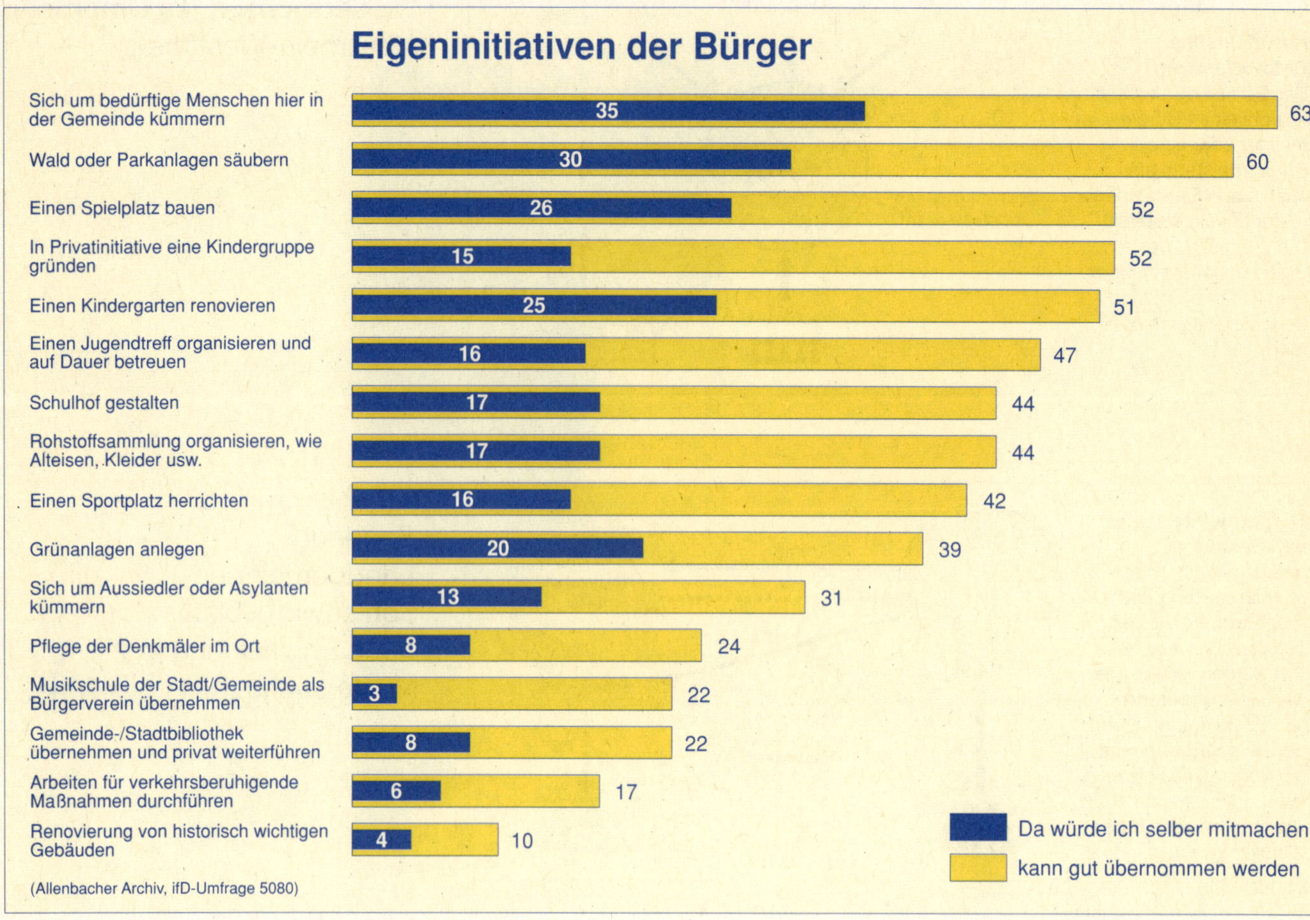

1. Eine Umfrage hat ergeben, dass sich viele Bürgerinnen und Bürger für die Gemeinde engagieren würden. An welchen Initiativen würdest du dich beteiligen? Begründe.

2. Kennst du Beispiele für Eigeninitiativen in deiner Gemeinde? Liste auf.

Bestellnummer 3-507-10348-6

Die NATO im Wandel

NATO: Frieden stiften mit neuen Konzepten

Nordatlantisches Verteidigungsbündnis vollzieht grundlegenden Wandel – Erster Friedenseinsatz in Bosnien

Das Ende des Kalten Krieges fordert neue Strategien. Die NATO nimmt die Herausforderung an.

dpa Brüssel. Seit der Gründung 1949 ging es in der NATO vor allem darum, im Ost-West-Konflikt das militärische Gleichgewicht in Europa zu wahren. Abschreckung lautete die Formel. Nach den Umwälzungen in Osteuropa seit Ende der 80er Jahre verlor sie das klar umrissene Feindbild. Inzwischen definiert die NATO neue Aufgaben für sich. Im Januar 1994 gaben die Staats- und Regierungschefs eine Studie in Auftrag, die untersuchen sollte, was für Einsätze in Krisengebieten nötig ist. Weitere Überlegungen sollen während des NATO-Gipfels in der kommenden Woche in Konzepte umgemünzt werden.

Eine der Ideen ist das Konzept Alliierter Streitkräftekommandos (CJTF). CJTF-Einheiten sollen rasch verlegt werden und offen sein für Truppen aus Nicht-NATO-Staaten. Eine Rolle spielt auch das Konzept der Europäischen Sicherheits- und Verteidigungsidentität (ESDI), die es europäischen NATO-Staaten ermöglichen soll, mit Ausrüstung und Logistik der Allianz eigene Operationen zu unternehmen.

Die Allianz sah sich erstmals in der Rolle des Krisenmanagers während des Krieges im ehemaligen Jugoslawien. Im Dezember 1992 beschloss die Allianz grundsätzlich, die Vereinten Nationen bei friedenserhaltenden Einsätzen zu unterstützen. Am 5. August 1994 flogen NATO-Kampfflugzeuge erstmals auf Bitten der UN einen Einsatz in Bosnien-Herzegowina. Nach dem Friedensschluss von Dayton im Dezember 1995 führt die NATO den Friedenseinsatz in Bosnien – zuerst IFOR mit 60 000 Soldaten aus 30 Staaten, jetzt SFOR mit rund 30 000. Das Mandat läuft bis Sommer kommenden Jahres.

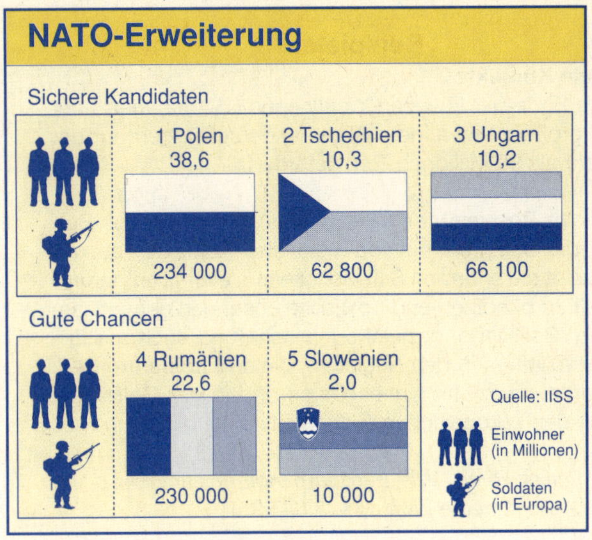

Kompakt

Im NATO-Vertrag heißt es zu den Zielen der Bündnispartner: „Sie sind entschlossen, die Freiheit, das gemeinsame Erbe und die Zivilisation ihrer Völker, die auf den Grundsätzen der Demokratie, der Freiheit der Person und der Herrschaft des Rechts beruhen zu gewährleisten." Die NATO versteht sich als defensive Allianz. Sie beruft sich auf das Recht auf Selbstverteidigung in Artikel 51 der Satzung der Vereinten Nationen. Artikel 5 des Vertrages schreibt die Beistandspflicht fest: „Die Parteien vereinbaren, dass ein bewaffneter Angriff gegen eine oder mehrere von ihnen in Europa oder Nordamerika als ein Angriff gegen sie alle angesehen wird." Die NATO hat 16 Mitglieder: Belgien, Dänemark, Deutschland, Frankreich, Griechenland, Island, Italien, Kanada, Luxemburg, die Niederlande, Norwegen, Portugal, Spanien, die Türkei, Großbritannien und die USA.

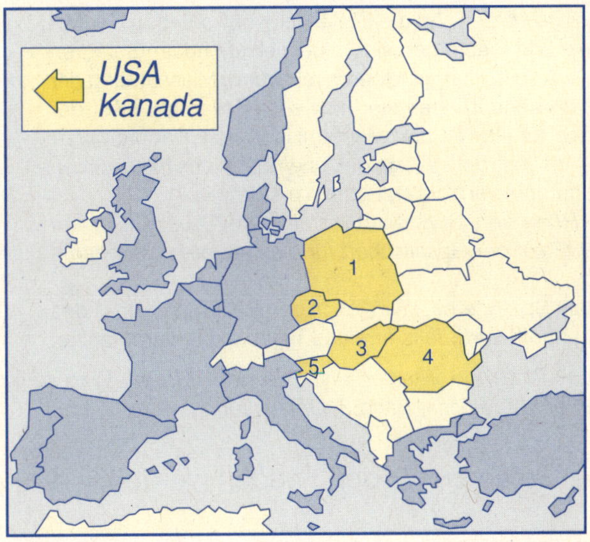

(aus: Nordwest-Zeitung vom 5.7.1997, Nr. 154, S. ST 1 Extra „Thema")

1. Unterstreiche die wichtigen Aussagen des Zeitungstextes.
2. Fasse zusammen: Wie verändert sich die NATO?

Bestellnummer 3-507-10348-6

Gefahren für den Frieden

Heute sind alle Teile der Welt in vielerlei Weise voneinander abhängig. Deshalb bergen alle Krisen und Kriege die Gefahr in sich, Lebensgrundlagen auch in weit entfernten und nicht beteiligten Kontinenten oder Ländern zu verändern oder zu zerstören.

Beispiele:

Regionale Konflikte

Seit dem Ende des Zweiten Weltkrieges (1945) haben über hundert größere bewaffnete Auseinandersetzungen auf der Erde mehr als 20 Millionen Tote gefordert.

Der Krieg in Bosnien ist ein besonders erschütterndes Beispiel für die Gefahren, die von regionalen Konflikten ausgehen. Er zeigt die enormen Schwierigkeiten, einmal enthemmte Gewalt zu bändigen und politische Lösungen gemeinsam zu finden. Politische, sozialökonomische und auch militärische Instabilitäten in den Regionen, die an Europa grenzen, im Mittelmeerraum, im Nahen Osten und in der Golfregion berühren den europäischen Sicherheitsraum direkt und als Ganzes.

(Quelle: Volker Rühe, Wie Europa handlungsfähig wird, in: Frankfurter Allgemeine Zeitung v. 3.6.1995)

Armut in der Welt

Mit dem Ende des Kalten Krieges ist die Welt freier, aber nicht friedlicher geworden. An die Stelle der Konfrontation der Militärblöcke und Ideologien sind eine Vielzahl neuer Gefahren getreten ... Armut, Hunger, Überbevölkerung, Missachtung der Rechte von Minderheiten sind in weiten Teilen der Welt der Nährboden für Gewalt und Machtmissbrauch. Dadurch werden Flüchtlingsströme ausgelöst, unentbehrliche Ressourcen (z. B. Rohstoffe) vernichtet, Leben zerstört.

(Quelle: Rede von Bundesaußenminister Klaus Kinkel am 22.10.1993 vor der Gesellschaft für die Vereinten Nationen)

Der soziale Sprengstoff, der sich in den Ballungszentren des Elends anhäuft, wird, falls er eines Tages explodieren sollte, nicht nur die unmittelbar betroffenen Regionen verheeren. Große Völkerwanderungen kündigen sich an, die Vorboten der Elendsflüchtlinge sind schon unterwegs. Energische Armutsbekämpfung heißt jetzt das Schlüsselwort, das die Wende bringen soll ...

(Quelle: Frankfurter Allgemeine Zeitung v. 6.3.1995)

Soziale, ökologische und kulturelle Ungleichgewichte erscheinen als zusätzliche Sicherheitsrisiken, die den militärischen an Gefährlichkeit kaum nachstehen. Die Liste dieser Risiken ist mittlerweile hinlänglich bekannt: Bevölkerungsexplosion, Klimaveränderungen, Atomschmuggel, Drogenhandel, Fundamentalismen jeder Art, Völkermorde, Zerfall staatlicher Ordnungen.

(Quelle: Rede von Bundespräsident Roman Herzog beim Festakt zum 40. Jahrestag der Gründung der Deutschen Gesellschaft für Auswärtige Politik am 13.3.1995)

Verletzung von Menschenrechten

Menschenrechte sind ein konstitutives Element jeder Friedensordnung. Wer Menschenrechte verletzt, bedroht den Frieden. Wer foltert, darf nicht ruhig schlafen können! Nur dort, wo staatsbürgerliche, wirtschaftliche, kulturelle und religiöse Rechte geachtet werden, kann es innere und äußere Stabilität geben.

(Quelle: Erklärung von Bundesaußenminister Klaus Kinkel zum Jahreswechsel 1993/1994)

Terrorismus

Skrupellose Anschläge von fanatisierten Einzeltätern, Gruppen oder Diktatoren können katastrophale Folgen haben. In einigen Fällen erreicht der Terrorismus das Ausmaß von Bürgerkriegen. Es ist (noch) nicht auszuschließen, dass Terroristen in den Besitz von Atomwaffen und Raketen gelangen und diese als Drohung benutzen oder tatsächlich abschießen, um Forderungen durchzusetzen.

Bekämpfung von Terrorismus ist heute eine notwendige friedensschützende Maßnahme.

(aus: Claus D. Grupp, Freiheit und Frieden, Auf dem Weg zu einer Friedensordnung in Europa, Informationen zur Meinungsbildung. Reihe A: Politik, Band 3, Omnia Verlag, Köln, S. 4f.)

Welche Gefahren für den Frieden werden in den genannten Beispielen deutlich?

Regionale Konflikte

____

____

____

Armut in der Welt

____

____

____

Verletzung von Menschenrechten

____

____

____

Terrorismus

____

____

____

Bestellnummer 3-507-10348-6

Aufgaben der UNO

Dem **Sicherheitsrat** gehören 15 Staaten an, darunter fünf als *Ständige Mitglieder* (China, Frankreich, Großbritannien, Russland, USA). Die zehn Nichtständigen Mitglieder werden jeweils für zwei Jahre von der **Generalversammlung** gewählt. Die Bundesrepublik Deutschland war nach 1977/78 und 1987/88 zum dritten Mal am 1. Januar 1995 für zwei Jahre als *Nichtständiges Mitglied* im Sicherheitsrat.

Die Vereinten Nationen sind das einzige weltweite System kollektiver Sicherheit und die wichtigste Organisation für die Sicherung des Friedens in der Welt. Dafür hat der Sicherheitsrat weitreichende Kompetenzen.

1. Zur friedlichen Beilegung von Streitigkeiten, deren Fortdauer geeignet ist, den Weltfrieden und die internationale Sicherheit zu gefährden, sollen solche Streitigkeiten zunächst durch „Verhandlung, Untersuchung, Vermittlung, Vergleich, Schiedsspruch, gerichtliche Entscheidung, Inanspruchnahme regionaler Einrichtungen oder Abmachungen oder durch andere friedliche Mittel eigener Wahl" beigelegt werden.
2. Die Verhängung kollektiver Vorbeugungs- und Zwangsmaßnahmen sind erst bei einem Friedensbruch, einer Friedensbedrohung oder einer anderen Angriffshandlung möglich. Es können Wirtschaftsembargen, die Unterbrechung von Verkehrs- und Kommunikationswegen sowie der Abbruch diplomatischer Beziehungen verhängt werden. Erst wenn diese Maßnahmen nicht ausreichen, ist der Einsatz militärischer Mittel – Demonstration, Blockade und Einsatz von Streitkräften – vorgesehen.

Darüber hinaus haben sich zwei unterschiedliche Arten von Friedensmissionen herausgebildet, nämlich die *friedensschaffenden* (peace-making-operation) und die *friedenssichernden* (peace-keeping-operation) Maßnahmen.

Friedensschaffend sind Maßnahmen, die einen akut bedrohten oder gebrochenen Frieden durch militärische Zwangsmaßnahmen sichern oder wiederherstellen sollen.

Friedenssichernde bzw. erhaltende Maßnahmen sind Einsätze von strikt neutralen Truppen und militärischen Beobachtermissionen der UNO, die zwischen den feindlichen Truppen stationiert werden, um die Einhaltung eines Waffenstillstandes zu überwachen, zwischen den gegnerischen Parteien zu vermitteln und bei wieder ausbrechenden Kampfhandlungen zur Wiederherstellung des Friedens beizutragen.

Die **UN-Friedenstruppen** – wegen der Farbe ihrer Kopfbedeckungen Blauhelme genannt – bestehen aus bewaffneten Einheiten von Mitgliedsstaaten. Ihr Einsatz ist nur mit Einverständnis aller Konfliktparteien möglich und bedarf ferner einer Resolution des Sicherheitsrates.

Der **Generalsekretär** übernimmt die Leitung der Operation. Die UN-Mitgliedsstaaten stellen freiwillig Truppenkontingente, Polizeibeamte und Verwaltungspersonal bereit. Waffeneinsatz erfolgt ausschließlich zur Selbstverteidigung.

(aus: Presse- u. Informationsamt der Bundesregierung: UNO, Deutschland und die Vereinten Nationen, S. 8f.)

1. Schreibe auf, welche Staaten dem Sicherheitsrat der UNO angehören.

____

____

____

2. Welche Maßnahmen kann der Sicherheitsrat beschließen, wenn der Frieden gefährdet ist?

____

____

3. Unterscheide: Friedensschaffende und friedenserhaltende Maßnahmen.

____

____

4. Gib ein aktuelles Beispiel für den Einsatz von UNO-Maßnahmen.

____

____

Bestellnummer 3-507-10348-6

Wehrpflicht und Kriegsdienstverweigerung

Die allgemeine Wehrpflicht ist eine Errungenschaft der Französischen Revolution. Sie wurde in dem Augenblick eingeführt, als die Berufsheere der Monarchien Preußen, England und Österreich die Revolution bedrohten – und damit die Prinzipien der Gleichheit, Freiheit und Brüderlichkeit (...)

Das Recht auf Kriegsdienstverweigerung ist jüngeren Datums. Es wurde in das 1949 verabschiedete Grundgesetz aufgenommen (Art. 4 Abs. 3 GG) und besagt, dass niemand „gegen sein Gewissen zum Kriegsdienst mit der Waffe" gezwungen werden kann. Die Bundesrepublik Deutschland hat damit als einziges Land der Welt das Recht auf Kriegsdienstverweigerung in den Grundrechtskatalog aufgenommen. Der Grundwehrdienst dauert 10 Monate. Der zivile Ersatzdienst ist wegen der Wehrübungen, die ein Soldat nach seiner Dienstzeit ableisten muss, um ein Drittel länger als der Grundwehrdienst und dauert derzeit 13 Monate.
Die Zahl der Anträge auf Kriegsdienstverweigerung lag 1995 bei rund 160 000. Durchschnittlich jeder dritte eines Geburtsjahrgangs verweigert den Dienst mit der Waffe.

Gesellschaftlich wichtig und wertvoll sind beide Dienste. Der Zivildienst ist heute ein bedeutender Faktor im sozialen System unseres Landes. Doch es gilt der Grundsatz, dass der Zivildienstleistende im Vergleich zum Wehrdienstleistenden weder besser noch schlechter gestellt werden darf.
Und klar ist auch: eine einfach Wahlfreiheit zwischen Wehrdienst und zivilem Ersatzdienst gibt es nicht. Das „Nein" zum Wehrdienst ist gemäß Art. 4, Abs. 3 Grundgesetz nur möglich, wenn man diesen Dienst mit seinem Gewissen nicht vereinbaren kann.

„Ich halte die Wehrpflicht für unabdingbar. Ich stehe aber auch zur Verpflichtung des Parlaments, sie glaubwürdig zu begründen, gerecht zu vollziehen und den Wehrdienst als die gegenüber dem Zivildienst vorrangige Pflicht öffentlich herauszustellen.
Es wäre falsch, aus der vom Bundesverfassungsgericht geforderten Gleichbehandlung der Wehrdienst- und Zivildienstleistenden eine Gleichrangigkeit beider Dienstformen abzuleiten."
(Bundespräsident Roman Herzog bei der 35. Kommandeurstagung der Bundeswehr vom 15. bis 17. November 1995 in München)

(aus: Frieden & Sicherheit, Ein Heft für die Schule, 1996, S. 27)

1. Ist die Wehrpflicht eine demokratische Errungenschaft? Schreibe auf, warum.

____

____

2. Erkläre die Aussagen des Bundespräsidenten zur Wehrpflicht und zum Zivildienst. Welche Meinung hast du dazu?

____

____

____

____

____

____

Bestellnummer 3-507-10348-6

NATO und Warschauer Pakt

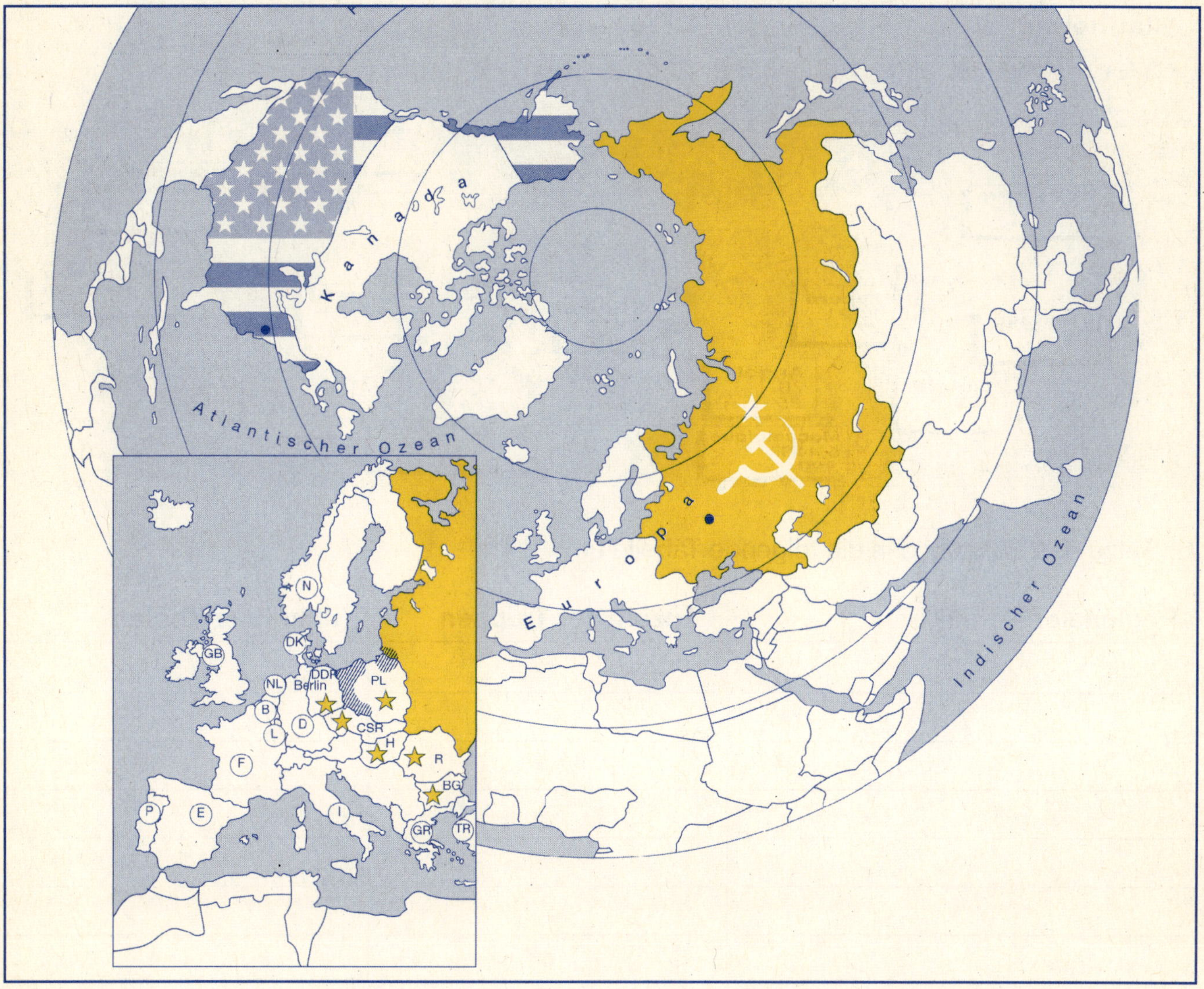

1. Male die Staaten der NATO mit blauer, die des ehemaligen Warschauer Paktes mit roter Farbe an.

2. Schreibe die Mitgliedsstaaten der NATO auf:

1.	2.	3.	4.
5.	6.	7.	8.
9.	10.	11.	12.
13.	14.	15.	16.

3. Schreibe die Mitgliedsstaaten des ehemaligen Warschauer Paktes auf:

a	b	c	d
e	f	g	

Bestellnummer 3-507-10348-6

Friedensmissionen der UNO

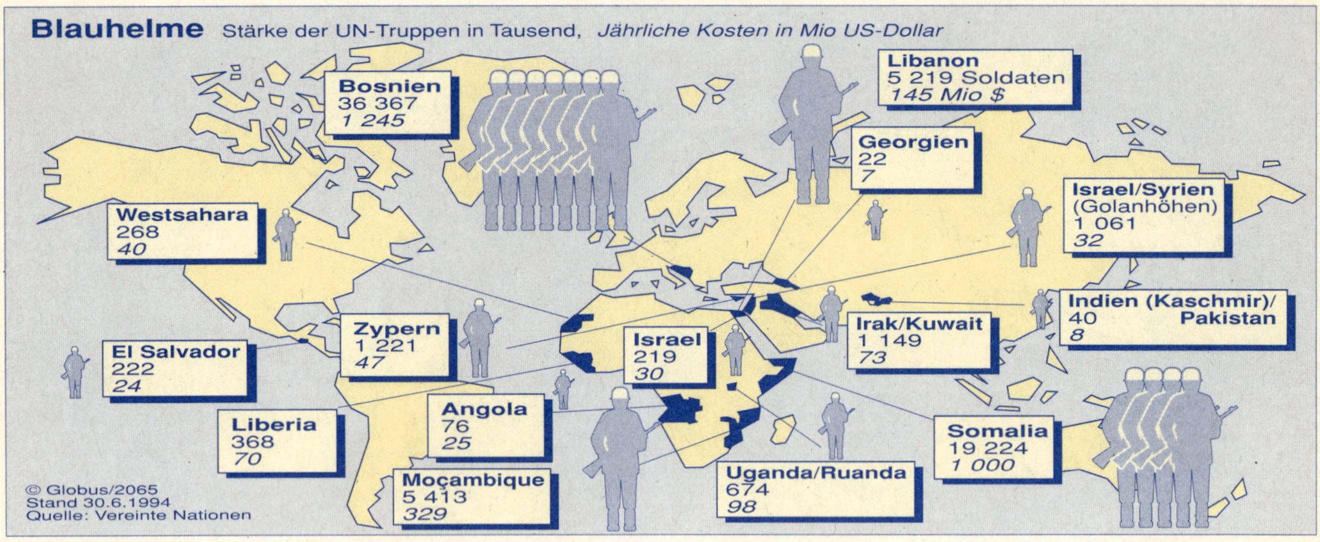

1. Setze das Schaubild in die folgende Tabelle um:

Regionaler Konflikt	Anzahl der Truppen	Jährliche Kosten

2. Suche in einer aktuellen Tageszeitung Berichte über einen Konflikt. Schreibe in Stichworten auf, was du darüber erfahren hast.

Bestellnummer 3-507-10348-6

Entwicklungshilfe im Spiegel der Karikatur

„Señor, weiß deine Linke, was die Rechte tut?"

„Ist dir klar, dass ich dich in der Hand habe?"

1. Setze dich mit den Karikaturen auseinander: Was wird ausgesagt? Welcher Sachverhalt wird kritisiert?
2. Schreibe kurz deine Meinung zu dem Sachverhalt auf.

Bestellnummer 3-507-10348-6

Ungleicher Handel

① Austauschverhältnisse an der deutschen Grenze

Dem Wert eines LKW entsprechen an der deutschen Grenze:	**1985** (Jahresdurchschnitt)	**1990** (Jahresdurchschnitt)
Lastkraftwagen (6 - 10 t) 	93 Sack Kaffee	302 Sack Kaffee
	44 t Bananen	58 t Bananen
	76 dz Kakao	290 dz Kakao
	49 Teppiche	90 Teppiche

Sack = 20 Sack (a 60 kg) Rohkaffee, salvadorianisch, Hochgewächs
Banane = 5 t Bananen mittelamerikanisch
Kakaosack = 10 Doppelzentner Kakao Ivorischer, good fermented
Teppich = 10 Teppiche aus Wolle, geknüpft (Indien, 350 - 500 Knotenreihen, á 6 m²)

② Exportgüter-Preisindex und Gesamtsumme der Schulden der Dritten Welt (1970-1987)

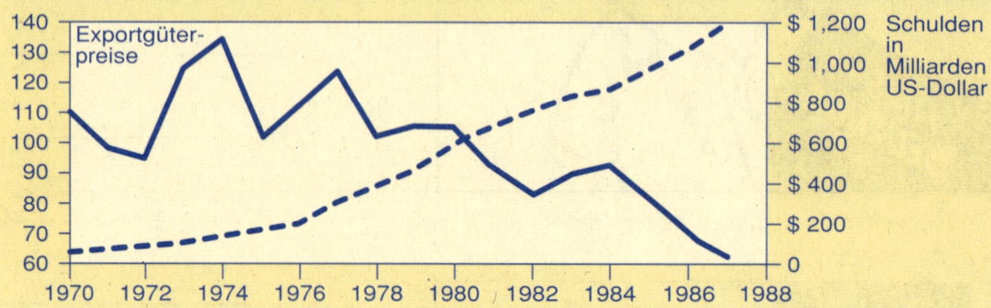

Preisindex: Die Durchschnittspreise 1997-1981 wurden = 100 gesetzt; Quelle: Weltbank

1. Erkläre die Entwicklung der Preise zwischen 1980 und 1990.

2. Das Schaubild Nr. ② lässt eine Erklärung für die ungerechte Aufteilung des Reichtums auf der Erde zu. Begründe!

Bestellnummer 3-507-10348-6

Lebensstandard einiger Länder im Vergleich

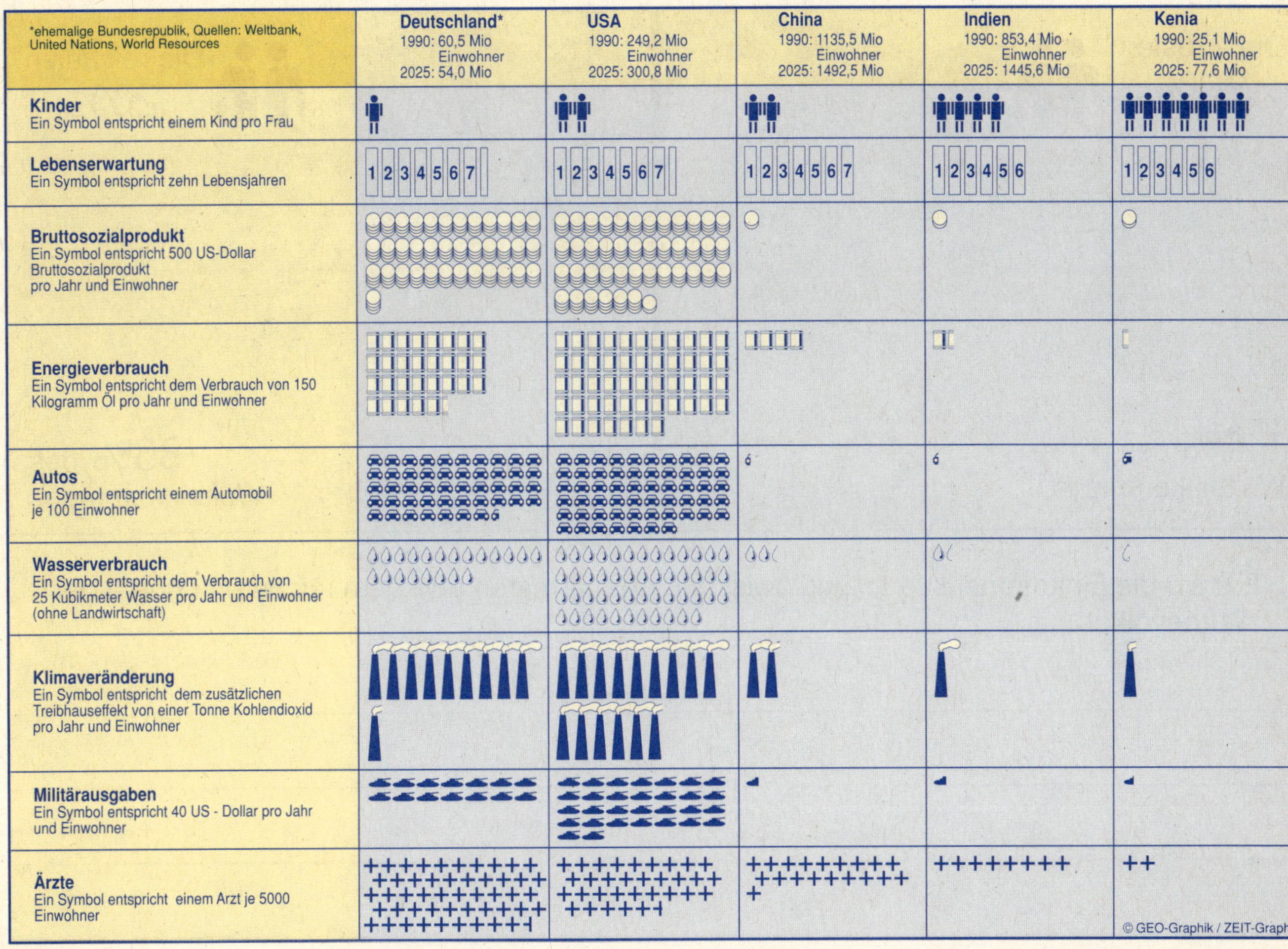

1. Das Schaubild zeigt Daten zum Lebensstandard einiger Länder. Schreibe auf, was du feststellst.

2. „Die Reichen sind die Last der Erde." Gib eine Erklärung zu dieser Aussage.

Bestellnummer 3-507-10348-6

Die Kluft zwischen Arm und Reich wächst

1. Erkläre die Einkommensverteilung zwischen dem ärmsten und dem reichsten Fünftel der Weltbevölkerung.

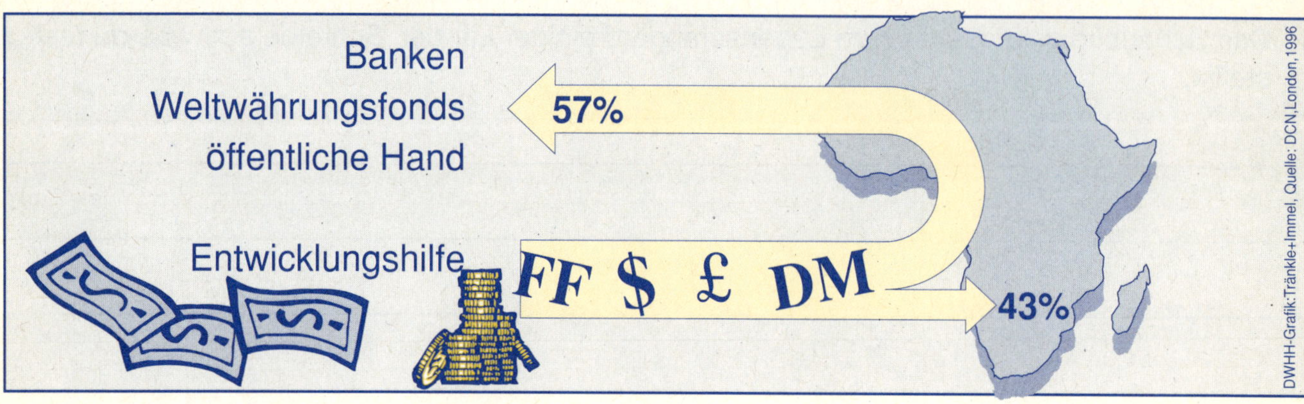

2. Erkläre die ungerechte Aufteilung des Reichtums.

Bestellnummer 3-507-10348-6

Notwendige Maßnahmen zur Entwicklung

1. Beschreibe die Maßnahmen zur Bevölkerungspolitik:

a) ______________________________

____

____

b) ______________________________

____

____

c) ______________________________

____

____

2. Was bedeuten die Maßnahmen für die Industrie- und Entwicklungsländer hinsichtlich der Forderung „Eine Welt für alle!"?

a) Für die Industrieländer: ______________________________

____

____

____

____

____

b) Für die Entwicklungsländer: ______________________________

____

____

____

Bestellnummer 3-507-10348-6

Teufelskreis Armut – Hunger

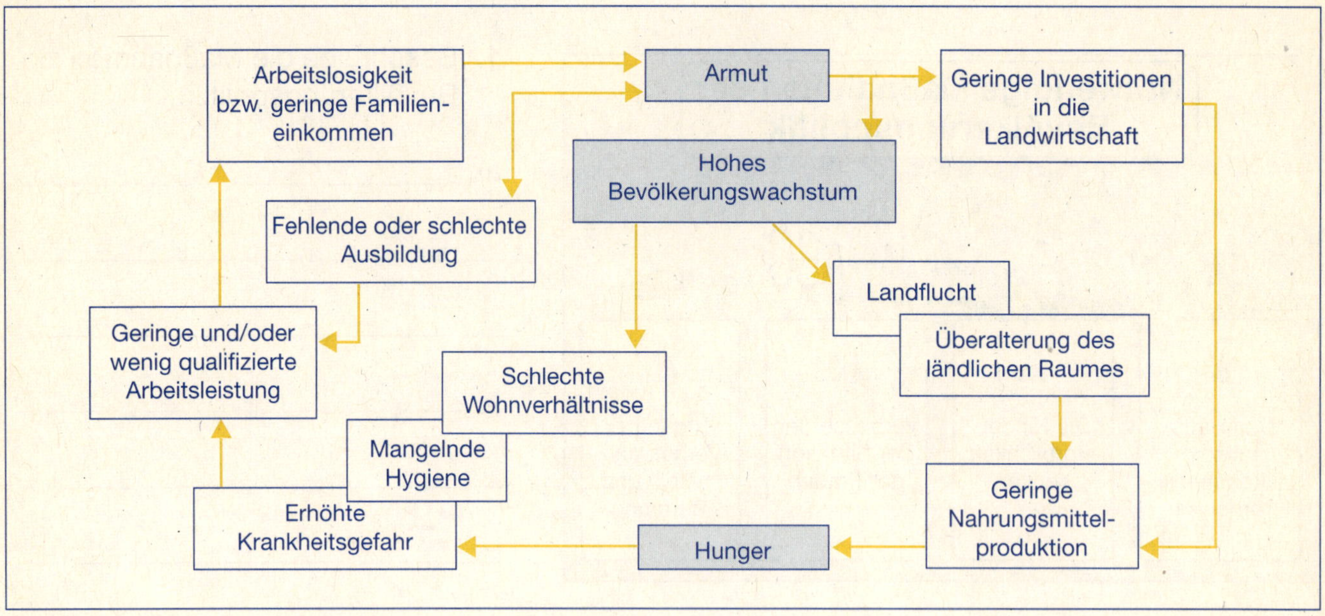

Beschreibe den Teufelskreis.

Bestellnummer 3-507-10348-6

Gibt es Hilfe?

Die beiden Jugendlichen auf dem Bild sind in einer Notlage. Versuche anhand der Leitfragen das Bild auszuwerten.

1. Welchen Eindruck macht das Bild auf dich? Welches Problem haben die beiden Jugendlichen?

____

____

____

____

____

2. Wie versuchen sie, eine Lösung zu finden?

____

____

____

____

____

____

3. Welche Lösungsmöglichkeiten siehst du für die beiden?

____

____

____

____

____

____

Bestellnummer 3-507-10348-6

Ausgaben für die soziale Sicherung in Deutschland

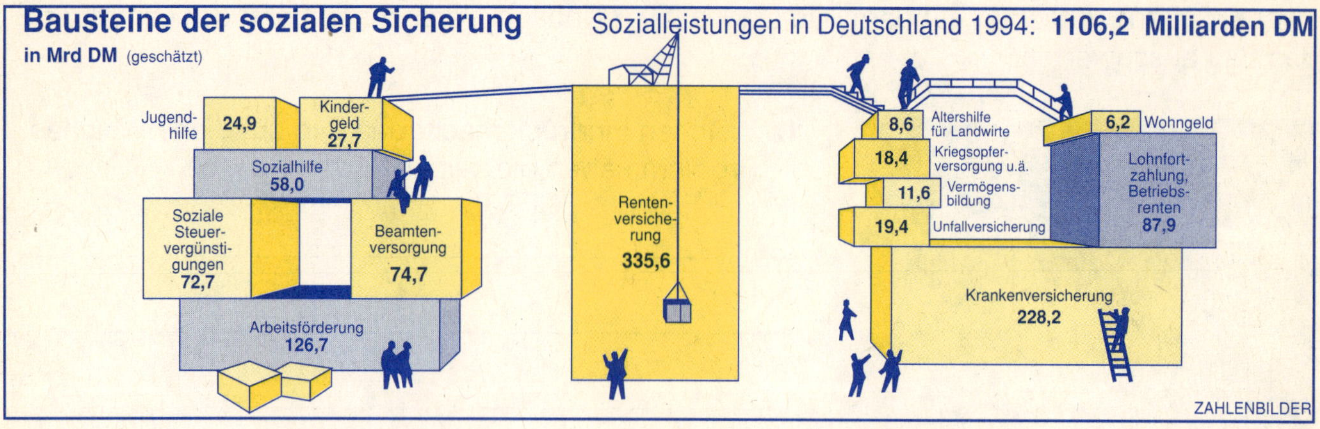

1. Setze das Schaubild in die Tabelle um. Schreibe zu jedem Baustein stichwortartig auf, wer diese Leistungen bekommt.

Baustein	Mrd DM	Wer bezieht sie?

2. Fehlen noch Leistungen zur sozialen Absicherung? Schreibe auf und begründe.

Bestellnummer 3-507-10348-6

Sozialhilfe ist ein Recht und kein Almosen

1. Schreibe auf, aus welchem Grunde Menschen gezwungen sein können, Sozialhilfe zu beantragen.

2. Erkläre die Unterschiede zwischen West- und Ostdeutschland.

3. „Sozialhilfe ist ein Recht und kein Almosen.“ Begründe.

Bestellnummer 3-507-10348-6

Obdachlosigkeit

Ordnungsamt O.

Eheleute Meier
Platz 5

Ordnungsverfügung

Durch diese Verfügung werden Sie und Ihre vier Kinder in das Übergangsheim Wiesenstraße 5, Block D, Räume 06-08, eingewiesen.
Die sofortige Vollziehung wird angeordnet.
Zwangseinweisung wird angedroht.

Begründung:
Sie waren nicht in der Lage, die Ihnen drohende Obdachlosigkeit selbst zu beseitigen. Die sofortige Vollziehung wird angeordnet, um eine Gefährdung und Störung der öffentlichen Sicherheit und Ordnung durch Ihre Obdachlosigkeit zu verhindern. Sollten Sie nicht innerhalb einer Woche die Ihnen zugewiesenen Räume bezogen haben, so werden Sie mit unmittelbarem Zwang eingewiesen.

Rechtsmittelbelehrung:
Gegen diese Verfügung können Sie innerhalb eines Monats nach Bekanntgabe Widerspruch erheben. Der Widerspruch ist bei der Stadtverwaltung - Ordnungsamt - schriftlich oder mündlich zur Niederschrift einzulegen.

Im Auftrag

1. Schreibe auf, welche Maßnahme der Familie Meier auferlegt wird.

2. Wie wird die Zwangseinweisung begründet?

3. Überlege, welche Folgen die Zwangseinweisung für die Kinder und die Eltern haben könnte.

4. Schreibe deine eigene Meinung zu der Maßnahme auf.

Bestellnummer 3-507-10348-6

Die Prinzipien der sozialen Sicherung

Versicherungsprinzip	Versorgungsprinzip	Fürsorgeprinzip
Jedes Mitglied hat aufgrund der geleisteten Beiträge Anspruch auf Zahlung im Versicherungsfall. Die Sozialversicherung ist der wichtigste Bereich der sozialen Sicherheit. Zu ihr gehören: – gesetzliche Rentenversicherung – gesetzliche Krankenversicherung – Arbeitslosenversicherung – gesetzliche Unfallversicherung	Anspruch auf Leistungen haben Gruppen oder Personen, die besondere Opfer oder Leistungen für die Gesellschaft erbracht haben. Zu diesen Leistungen gehören z. B.: – Kriegsopferversorgung – Entschädigung bei Impfschäden – Beamtenversorgung – Kindergeld (ohne Einkommensgrenze)	Jede Person, die sich in einer Notlage befindet, erhält nach Überprüfung der Bedürftigkeit finanzielle Unterstützung. Zu diesen Leistungen gehören z. B.: – Sozialhilfe – Jugendhilfe – Wohngeld – Kindergeld (bei Einkommensgrenzen)

1. Der Sozialstaat ist nach dem *Grundgesetz* verpflichtet, die Ziele des sozialen Ausgleichs und der sozialen Sicherheit seiner Bürger anzustreben. Dieses „Sozialstaatsprinzip" ist in den Artikeln 20, Abs. 1 und 28, Abs. 1, Satz 1 festgelegt. Schreibe ihren Wortlaut auf:

2. Nenne wichtige Merkmale des Sozialstaates und erkläre sie mit eigenen Worten.

Bestellnummer 3-507-10348-6

Vergleich von Sozialhilfe und Arbeitseinkommen

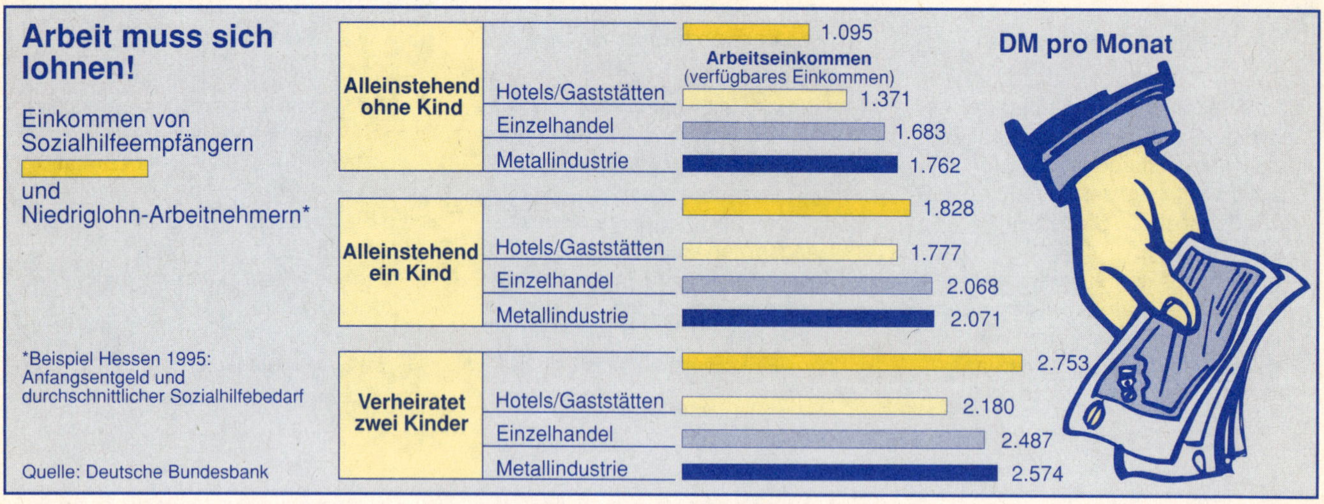

1. Setze die Angaben des Schaubildes in eine Tabelle um.

Einkommen aus Niedriglohnarbeit und Sozialhilfe			
	Alleinstehend ohne Kind	**Alleinstehend mit Kind**	**Verheiratet mit 2 Kindern**
Sozialhilfe			

2. Werte die Tabelle/das Schaubild aus.

3. „*Arbeit muss sich wieder lohnen!*" Erkläre, was damit gemeint sein könnte, und nimm Stellung dazu.

Bestellnummer 3-507-10348-6

Wir werten den Lebensbaum des deutschen Volkes aus

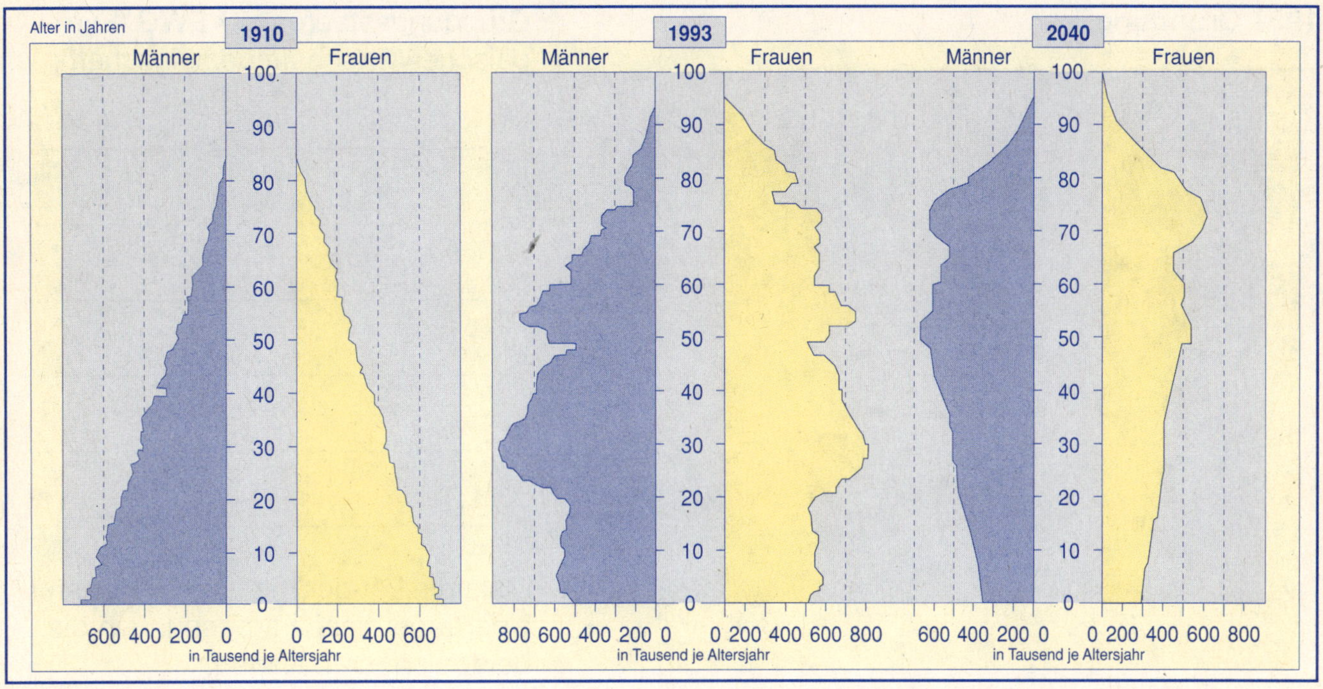

1. Beschreibe die unterschiedlichen Formen der drei Bevölkerungspyramiden (= Lebensbäume).

2. Kennzeichnet das Alter der Bevölkerung. Sucht in den beiden Lebensbäumen von 1993 und 2040. Bestimmt euer Alter für 1993 und 2040.

3. Begründe den Satz: *„Die Deutschen werden immer älter.“*

4. Welche Bedeutung haben die Prognosen für 2040 für die soziale Sicherheit der dann über 65-Jährigen?

Bestellnummer 3-507-10348-6

Die Erweiterung der Europäischen Union (1)

1957 Gründung

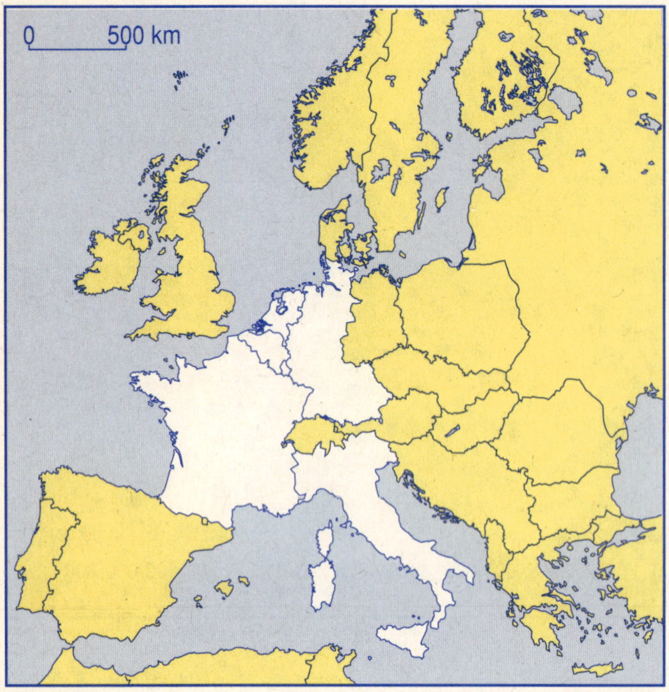

Gründungsstaaten der **EWG** (Europäische Wirtschaftsgemeinschaft):

1. ______________________
2. ______________________
3. ______________________
4. ______________________
5. ______________________
6. ______________________

Male die Länder mit einer Farbe an. Übertrage diese Farbgebung in die beiden anderen Karten.

1973–1986 Nord- und Süderweiterung

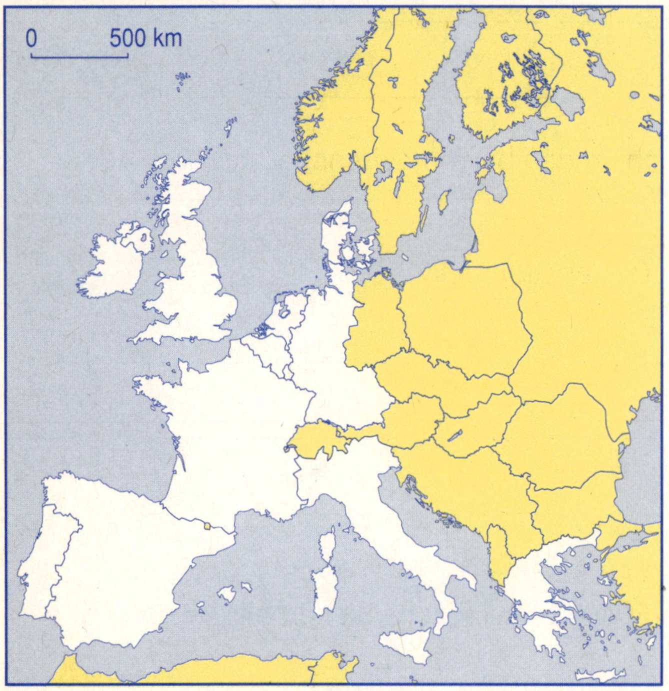

Beitritt von:

7. ______________________
8. ______________________
9. ______________________
10. ______________________
11. ______________________
12. ______________________

in die **EG** (Europäische Gemeinschaft)

Nimm eine weitere Farbe hinzu und bemale die neuen Beitrittsländer. Übertrage dann die Farbe in die Karte für 1995.

Bestellnummer 3-507-10348-6

Die Erweiterung der Europäischen Union (2)

1995 2. Norderweiterung

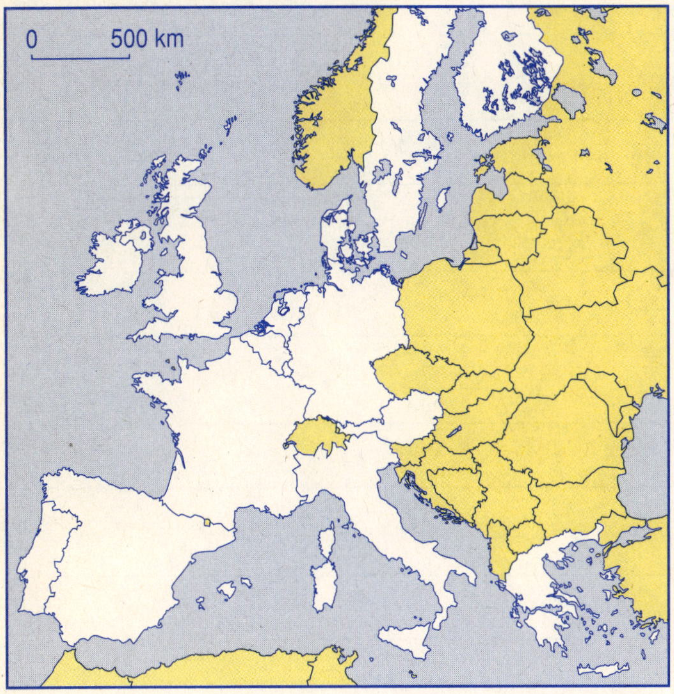

Beitritt von:

13.____________________

14.____________________

15.____________________

in die **EU** (Europäische Union)

Bemale diese Länder mit einer dritten Farbe.

1. EWG – EG – EU: Beschreibe die politischen Zielsetzungen, die mit diesen Abkürzungen verbunden sind. Nimm dein Buch zuhilfe.

____

____

____

____

2. Wollen noch weitere Länder der EU beitreten? Schreibe sie hier auf. Bemale sie anschließend mit einer neuen Farbe.

____

____

____

____

Bestellnummer 3-507-10348-6

Wichtige Daten zur Europäischen Einigung

1957 ____________________

1967 ____________________

1973 ____________________

1975 ____________________

1979 ____________________

1986 ____________________

1990 ____________________

1993 ____________________

1994 ____________________

1995 ____________________

1998 ____________________

Schreibe zu jeder Jahreszahl auf, welches Ereignis sich in diesem Jahr in Bezug auf die Entwicklung der Europäischen Gemeinschaft zugetragen hat. Achtung: für das Jahr 1986 gibt es zwei Eintragungen! Nimm dein Buch zuhilfe.

Bestellnummer 3-507-10348-6

Europäische Institutionen

Trage in den blauen Kasten neben jedem Foto den Namen und den Sitz der dazugehörigen europäischen Institution ein. Beschreibe ihre Aufgaben kurz.

Name:

Sitz:

Name:

Sitz:

Name:

Sitz:

Bestellnummer 3-507-10348-6

Die Rolle des Europäischen Parlaments in der Gesetzgebung der EU

Die **Europäische Kommission** schlägt ein Gesetz vor

Das **Europäische Parlament (EP)** nimmt in *erster Lesung* Stellung

Der **Rat der EU** beschließt *in erster Lesung* einen „Gemeinsamen Standpunkt"

Die Kommission überarbeitet die Vorschläge

Bei **Mitentscheidungsrecht** des EP

Zweite Lesung im EP:

1. Billigung
2. Änderung oder
3. Ankündigung der Ablehnung

Der **Rat der EU** beschließt in *zweiter Lesung*:

1. endgültig
2. Er billigt die Änderungen des EP
3. Er billigt die Änderungen des EP nicht. In diesem Fall wird der Vermittlungsausschuss angerufen.

Dritte Lesung:

1. Der Gesetzesentwurf ist beschlossen, wenn Rat und EP ihn verabschieden.
2. Lehnt einer von beiden ab, so ist die Gesetzesinitiative gescheitert.

Bei **Zusammenarbeit** des EP mit der Kommission

Zweite Lesung im EP:

1. Billigung
2. Änderung oder
3. Ablehnung des „Gemeinsamen Standpunktes"

Der „Gemeinsame Standpunkt" geht zurück an die Kommission. Änderungswünsche des EP werden:

1. aufgenommen oder
2. mit Begründung abgelehnt

Der **Rat der EU** beschließt *in zweiter Lesung* endgültig. Mehrheiten sind je nach dem Beschluss des EP notwendig bei:

1. qualifizierte Mehrheit erforderlich
2. einstimmig
3. einstimmig

1. Beschreibe die Rolle des EP im Gesetzgebungsverfahren der EU:

____

____

2. Vergleiche mit der Rolle des Bundestages. Welche wichtigen Unterschiede gibt es?

____

____

Bestellnummer 3-507-10348-6

Die Organe der EU

Europäisches Parlament
626 Mitglieder (5-jährige Wahlperiode, Präsident und Präsidium werden jeweils für zweieinhalb Jahre gewählt).
Aufforderung zur Gesetzgebung; Mitwirkung an der Gesetzgebung; mit Rat gemeinsam Haushaltsbehörde; politische und finanzielle Kontrolle; Zustimmung zu Beitritten, Assoziierungen und Verträgen: Anhörung vor der Benennung eines neuen Kommissionspräsidenten; Bestätigung einer neuen Kommission durch Abstimmung; Ernennung der Bürgerbeauftragten

Ministerrat
Je 1 Minister der 15 Mitgliedsstaaten (halbjährlich wechselnde Präsidentschaft).
Erlass von Gesetzen; mit Parlament gemeinsam Haushaltsbehörde; Beschluss von Beitritten, Assoziierungen von Verträgen; Entscheidungen, Entschließungen, Durchführung von Gemeinschaftspolitiken; Ernennung der Mitglieder des Rechnungshofes (nach Anhörung des EP), der Mitglieder des Wirtschafts- und Sozialausschusses und des Ausschusses der Regionen

Europäischer Rat
Die Staats- bzw. Regierungschefs der 15 Mitgliedsstaaten (halbjährlich wechselnde Präsidentschaft).

Leitlinien für die Entwicklung der Gemeinschaft; beendet in politischer Hinsicht Regierungskonferenzen, die Vertragsänderungen ausarbeiten.

Europäische Kommission
20 Mitglieder, Präsident der Kommission, 2 Vizepräsidenten – Amtsdauer 5 Jahre
Einbringen von Gesetzentwürfen (Initiativrecht), Durchführung von Gemeinschaftspolitiken, Kontrolle der Umsetzung von Gemeinschaftsgesetzen, Verwaltung

Europäischer Gerichtshof
15 Richter, 8 Generalanwälte, 6-jährige Amtszeit, Gericht erster Instanz
Auslegung, Anwendung der Verträge und der Gesetzgebung, Wahrung des Gemeinschaftsrechts, Entscheidungen bei Streitfällen

Europäischer Rechnungshof
15 Mitglieder, 6-jährige Amtszeit
Prüfung der Rechtmäßigkeit der Ausgaben und Einnahmen, Prüfung der Wirtschaftlichkeit der Haushaltsführung

1. Beschreibe die Aufgaben der einzelnen Organe der Europäischen Union.

Europäisches Parlament ______________________________

____

Ministerrat ______________________________

____

Europäische Kommission ______________________________

____

Europäischer Gerichtshof ______________________________

____

Europäischer Rechnungshof ______________________________

____

Bestellnummer 3-507-10348-6

Kennst du dich mit Europa aus?

In diesem Zahlenrätsel sind die Zahlen so durch Buchstaben zu ersetzen, dass gleiche Zahlen gleiche Buchstaben bedeuten. Das Lösungswort gibt den Namen einer wichtigen europäischen Institution an.

1. Geografische Begrenzung Europas im Westen:

10	3	7	10	6	3	11	20

2. Geografische Begrenzung Europas im Osten:

2	18	10	7	21	13	24	11	18	21	13

3. Die EU umfasst geografisch Nord-, West- und:

4	11	3	3	13	7	13	2	18	1	17	10

4. In welcher Stadt hat das EP seinen ständigen Sitz?

22	3	18	10	32	24	2	18	21

5. Aus wie vielen Staaten kommen die Abgeordneten in das EP?

26	31	6	26	5	13	12	6

6. Geschichtlich gesehen stand die Wiege der europäischen Kultur in

21	18	11	13	8	12	13	6	7	10	6	9

7. In Brüssel ist der Sitz der Europäischen Union

20	1	4	4	11	22	22	11	1	6

8. Das wichtigste Vertragswerk der letzten Jahre für Europa heißt Vertrag von

4	10	10	22	3	18	11	8	12	3

9. Seit 1993 ist der

24	11	6	6	13	6	4	10	18	20	3

vollendet.

10. Die Zusammenkunft der 15 Regierungschefs heisst

13	2	18	1	17	33	11	22	8	12	13	18	18	10	3

Bestellnummer 3-507-10348-6

Mehrwegflasche kontra Getränkedose

Erkläre die Aussagen der Karikaturen und des Fotos. Welche Auffassung wird deutlich?

Bestellnummer 3-507-10348-6

Recycling und Mehrweg

- Einwegglasflaschen gehen vom Verpackungshersteller zum Abfüller.
- Von dort gehen sie nur einmal über den Handel zum Verbraucher.
- Einwegglasflaschen kommen von dort aus zu etwa 50% als Scherben an die Glashütte zurück.
- Etwa 50% des Glases sowie die Verschlüsse und Etiketten wandern in den Müll.

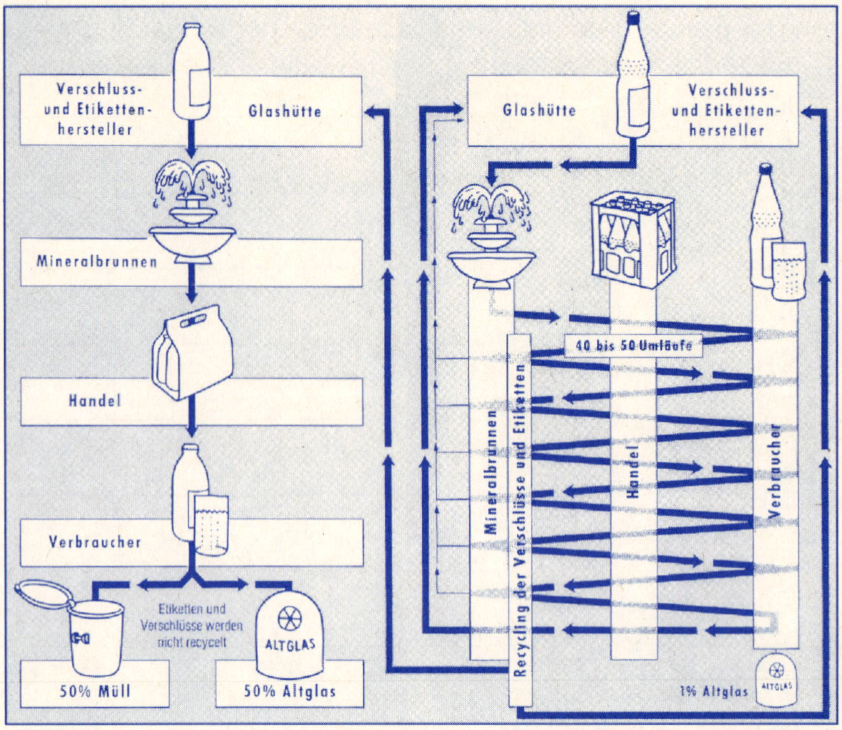

(Informationszentrale Dt. Mineralwasser [Hrsg.], Mehrweg, München o. J., S. 16f.)

- Mehrwegglasflaschen gehen vom Verpackungshersteller zum Abfüller.
- Von dort aus zirkulieren sie vielfach (bei den Mineralbrunnen 40-50mal) zwischen Handel, Verbraucher und Abfüller.
- Nur 1% der Flaschen geht beim Verbraucher aus dem Kreislauf verloren.
- Ein weiteres Prozent wird im Brunnen aussortiert und wandert ins Recycling wie Verschlüsse und Etiketten.

„Recycling ist gut, Mehrweg ist besser.“ Begründe!

Bestellnummer 3-507-10348-6

Gefährdung der Umwelt

Schreibe das Umweltproblem auf, das in dem Foto dargestellt ist (jeweils in den gelben Kasten).

1. Ursachen: ______________________________

____

____

Folgen: ______________________________

____

____

2. Ursachen: ______________________________

____

____

Folgen: ______________________________

____

____

3. Ursachen: ______________________________

____

____

Folgen: ______________________________

____

____

Bestellnummer 3-507-10348-6

Wertstoffe im Hausmüll

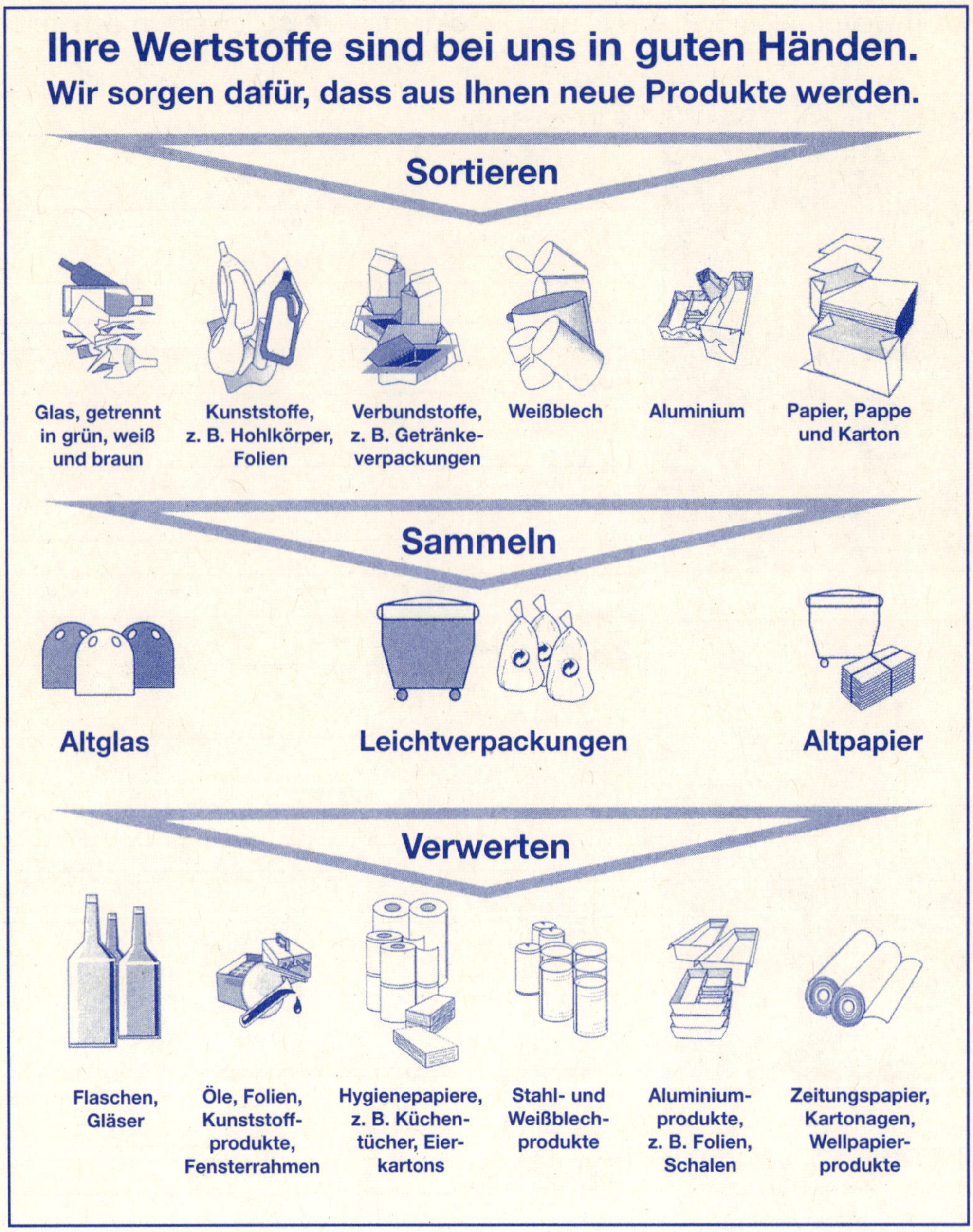

Erkläre mithilfe der Abbildung, wie dafür gesorgt wird, dass aus Wertstoffen neue Produkte werden.

Bestellnummer 3-507-10348-6

Energieeinsparung

Einige Möglichkeiten, Energie und Wasser einzusparen

Schalte Licht nur dort ein, wo es gebraucht wird. Festtagsbeleuchtung kostet Geld und schadet der Umwelt. An Stellen mit Dauerbeleuchtung möglichst Energiesparlampen benutzen.

Ein tropfender Wasserhahn verschwendet im Jahr bis zu 6000 Liter Wasser.

Wer nutzlos warmes Wasser laufen lässt, während er sich beim Duschen einseift, vergeudet Energie und Wasser. Deshalb zwischendurch das Wasser abdrehen!

Heize nur in den Räumen mit voller Stärke, in denen du dich aufhältst. In ungenutzten Räumen sollte das Heizkörperventil auf geringe Leistung eingestellt sein. Senke die Temperatur nachts ab. Eine Temperaturreduzierung um 1°C spart etwa 6 Prozent Energie.

Lüfte während der Heizperiode bei abgeschalteter Heizung mehrmals täglich fünf Minuten kräftig durch. Das ist besser, als den ganzen Tag über das Fenster angekippt zu halten. Dann nämlich geht die Heizenergie im wahrsten Sinne zum Fenster hinaus.

(aus: Informationszentrale der Elektrizitätswirtschaft: StromBASISWISSEN, Nr. 100, S. 2f.)

1. Welche Energiespartipps könntest du am leichtesten in der Schule einsetzen?

____

____

____

2. Werden oben beschriebene Energiespartipps auch in deiner Schule beachtet?

____

____

____

Bestellnummer 3-507-10348-6

Ein Strafprozess

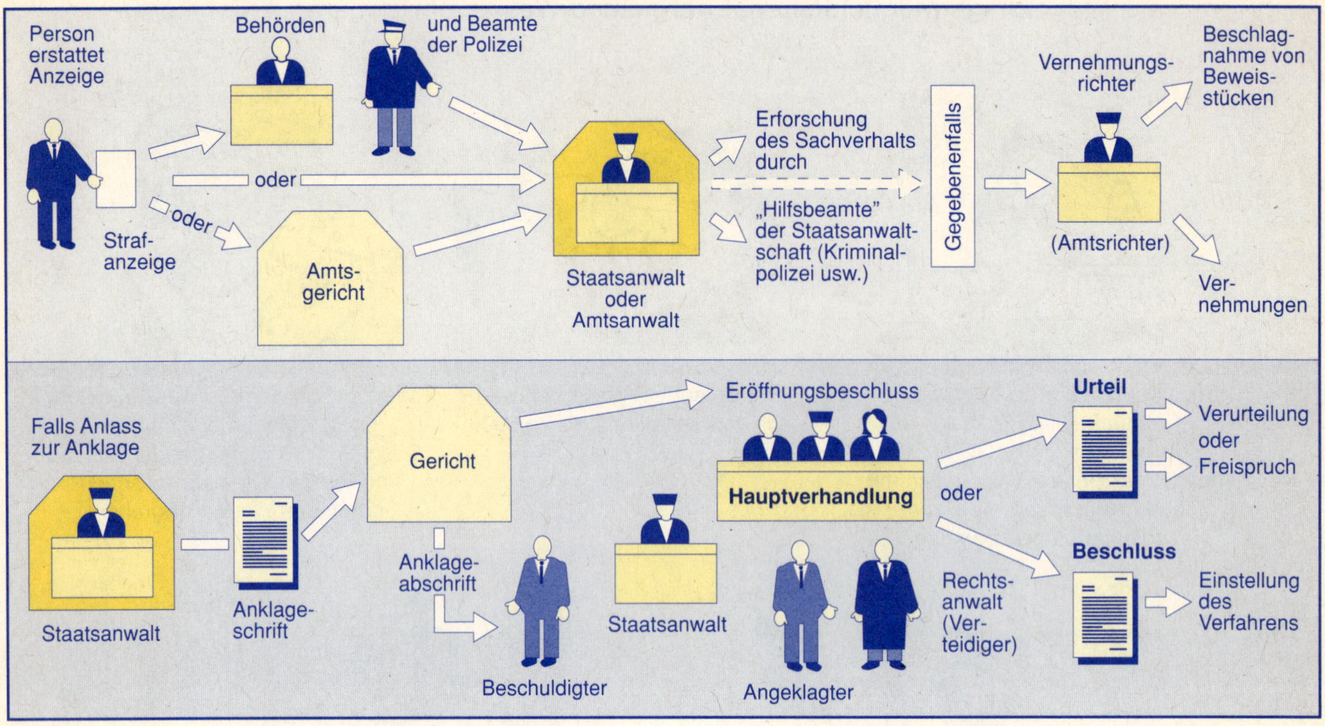

1. Wie kommt es zu einem Strafprozess?

____

____

____

____

____

____

2. Beschreibe den Gang des Verfahrens bei einem Strafprozess.

____

____

____

____

____

____

Bestellnummer 3-507-10348-6

Ein Zivilprozess

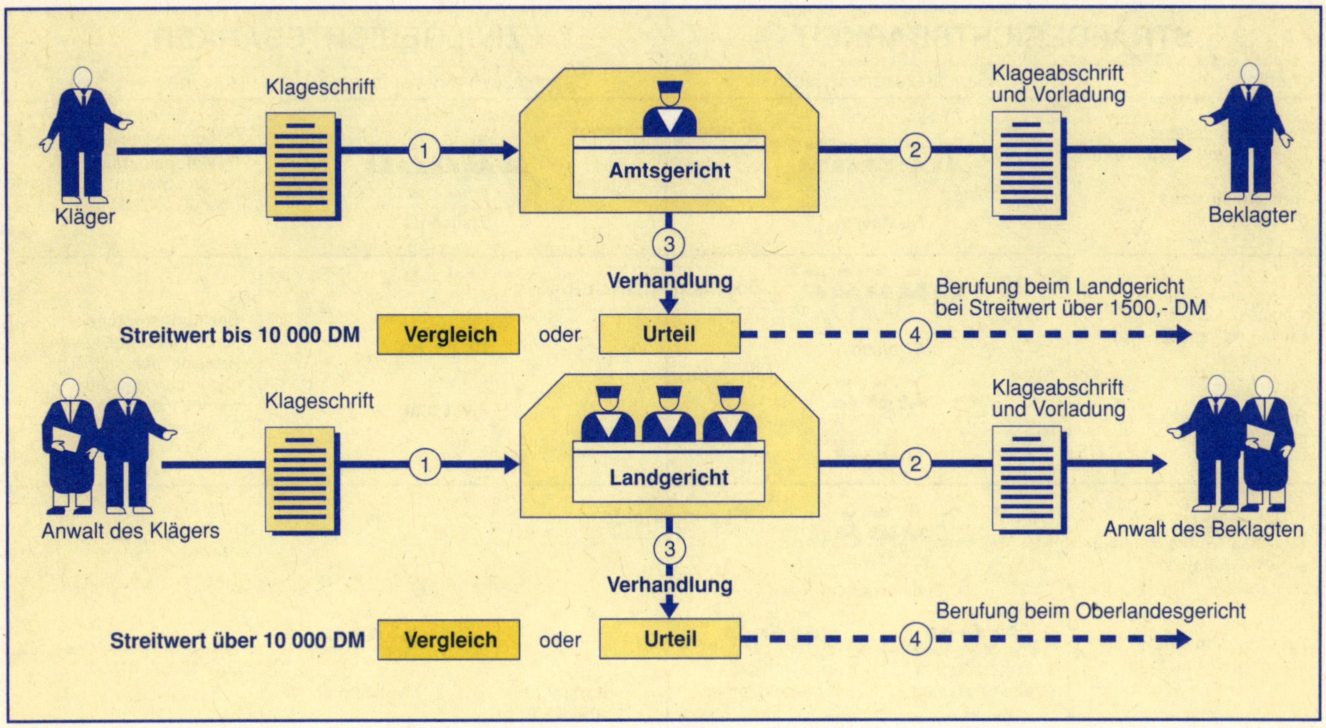

1. Beschreibe, wie es zu einem Zivilprozess kommt.

2. Wann ist das Amtsgericht, wann das Landgericht zuständig?

3. Beschreibe den Gang des Verfahrens bei einem Zivilprozess.

4. Erkläre: Vergleich, Urteil, Berufung.

Bestellnummer 3-507-10348-6

Straf- und Zivilgerichtsbarkeit im Vergleich

STRAFGERICHTSBARKEIT: zuständig als	STRAFGERICHTSBARKEIT: Gerichtszusammensetzung		ZIVILGERICHTSBARKEIT: Gerichtszusammensetzung	ZIVILGERICHTSBARKEIT: zuständig als
1.und letzte Instanz für Hoch- und Landesverrat **Revisionsinstanz** für Landgerichte	**Strafsenat**	**Bundesgerichtshof**	**Zivilsenat**	**Revisionsinstanz** bei Streitwerten über 40.000 DM
1. Instanz für Hoch- und Landesverrat **Revisionsinstanz** für Amtsgerichte	**Strafsenat** **Strafsenat**	**Oberlandesgerichte**	**Zivilsenat**	**Berufungsinstanz** für Landgerichte, keine Revision mehr möglich gegen Landgerichtsurteile, wenn Landgericht schon 2. Instanz war!
1. Instanz für Mord, Totschlag, Verbrechen und schwere Vergehen **Berufungsinstanz** für Amtsgerichtsurteile **Berufungsinstanz** für Urteile von Einzelrichtern	**Schwurgericht** **Große Strafkammer** **Jugendkammer** **Kleine Strafkammer**	**Landgerichte**	**Kammer für Handelssachen** **Zivilkammer**	1. Instanz bei Streitwert über 10.000 DM
1. Instanz für Verbrechen und Vergehen mit Strafererwartung bis zu 3 Jahren Freiheitsentzug 1. Instanz für leichte Vergehen und Ordnungswidrigkeiten, Strafe höchstens 1 Jahr Freiheitsentzug bzw. Geldbußen	**STRAFSACHEN**: **Erweitertes Schöffengericht**, **Schöffengericht**, **Einzelrichter** **JUGEND-STRAFSACHEN**: **Jugendschöffengericht**, **Jugendrichter**	**Amtsgerichte**	**ZIVILSACHEN**: **Einzelrichter** **FAMILIENSACHEN**: **Familienrichter**	1. Instanz bei Streitwert bis 10.000 DM; Mietstreitigkeiten 1. Instanz bei Ehescheidungen und alle Folgeverfahren

Zeichenerklärung: Berufsrichter; ehrenamtliche Richter; Im Strafverfahren: Schöffen

1. Vergleiche die Zuständigkeit der verschiedenen Gerichte. Schreibe sie in Stichworten auf.

Bestellnummer 3-507-10348-6

„Henne" fängt eine neues Leben an

„Ich muss ja dazu stehen"

Henne – unter diesem Namen war der heute 23-Jährige früher bekannt wie ein bunter Hund, besonders in einschlägigen Kreisen. „Ich war überall und irgendwo. Und irgendwann war ich nur noch nirgendwo."

Das war vor drei Jahren: Henne kam vor Gericht, sollte fünf Monate in den Knast. Er hatte seiner Oma 1000 Mark gestohlen, war betrunken mit dem Auto gefahren, hatte immer wieder geklaut. Seine eigene Familie hat ihn damals angezeigt. Aber Henne hatte Glück: Die Strafe wurde zur Bewährung ausgesetzt. Seitdem stand der Walsroder drei Jahre lang unter der Obhut von Rolf Lange. In ein paar Wochen trennen sich ihre Wege wieder – die Bewährungszeit läuft ab. Henne steht dann auf eigenen Füßen.

An seine wilden Zeiten erinnern äußerlich noch die Tätowierungen, die seine Unterarme zieren. Henne erzählt: „Ab der 7. Klasse ging das eigentlich los. Ich hatte so eine richtig große Klappe."

In der Clique, die ihn damals umgab, spielte er den starken Mann. Er soff, nahm Drogen, hatte keinen Respekt vor niemandem – auch nicht vor dem Eigentum anderer. Henne brauchte ständig Geld, „um meine Partys zu finanzieren". „Erst als es gescheppert hat, habe ich angefangen nachzudenken.

Ich bin froh, dass mir dann jemand die Hand auf den Schädel gehalten hat", erzählt er von seinen Gefühlen, die er damals nicht zeigen wollte und auch nicht zeigen konnte

Mit seinem Bewährungshelfer Rolf Lange verbindet ihn heute einiges. Er hat ihn beraten, wenn der Karren wieder im Dreck steckte, der Knast drohte oder er einfach einen rechtlichen Tipp brauchte.

„Ich hab' mich immer verpieselt"

Dabei hatte es der 50-jährige Bewährungshelfer nicht leicht, an Henne heranzukommen. Aus Angst, da komme jetzt jemand, der ihn stundenlang zuquatscht und gängelt, ist Henne vor dem ersten Treffen einfach geflüchtet.

„Ich hab mich immer wieder verpieselt, aber irgendwann stand er dann da", grinst Henne heute bei der Erinnerung an das Versteckspiel von damals. Die regelmäßigen Kontakte mit seinem Bewährungshelfer sieht Henne nicht mehr als Bevormundung: „Im Laufe der Zeit habe ich mich frei gefühlt. Ich hab das nicht als Bewährungshilfe gesehen, sondern mich mit ihm ausgequatscht über Vergangenheit und Zukunft."

Auf seinem Weg aus dem Schlamassel hat ihm auch „Tu wat" geholfen, eine Einrichtung, die Arbeitslosen wieder eine Chance gibt zu arbeiten – wenn auch nur für ein paar hundert Mark Gehalt. „Das war hauptsächlich eine Beschäftigung, damit ich nicht auf dumme Gedanken komme." Aber bei „Tu wat" wurden ihm auch Grenzen gesetzt. „Wenn ich da morgens besoffen angekommen wäre, wäre ich rausgeflogen. Und das wollte ich nicht."

Henne denkt mittlerweile in kleinen Schritten. Step by step will er sein Leben wieder in den Griff kriegen. Das erste Ziel hat er erreicht: „Ich bin aus meinem alten, sozialen Milieu rausgekommen." Seine Adresse gehört nicht mehr zu den stadtbekannten Absteigen, um ihn herum ist auch keiner mehr, der ihn wieder runterziehen könnte. Denn das will er ums Verrecken nicht mehr. Jetzt möchte Henne erstmal seinen Führerschein neu machen und später einen richtigen Job haben. Die Sauferei von früher, so sagt er, sei vorbei. „Ich weiß jetzt, wo meine Grenzen sind. Das kann ich mir nicht mehr leisten, sonst ist der Zug abgefahren." Krumme Touren gehören für ihn einer wenig rühmlichen Vergangenheit an. Einer Vergangenheit, für die er sich zumindest bei seiner Oma nicht mehr entschuldigen konnte.

(aus: Walsroder Zeitung vom 8. 11. 1997, geändert)

1. Suche die Straftaten heraus, die Henne begangen hat.

2. Welche Strafen hat er bekommen?

3. Nimm Stellung dazu, wie Henne sein Leben wieder in den Griff bekommen will. Berichte.

Bestellnummer 3-507-10348-6

Rechte und Pflichten

Kind	Eltern
von Geburt an	
– Recht auf Leben – Rechtsfähigkeit – Erbfähigkeit – Recht auf Unterhalt – Recht auf Erziehung	– Sorgerecht – Aufsichtspflicht – Volle Haftung für das Kind – Unterhaltspflicht – Erziehungspflicht
vom vollendeten 6. Lebensjahr an	
– Schulpflicht – Kinobesuch bis 20 Uhr	– Pflicht, das Kind zur Schule zu schicken
vom vollendeten 7. Lebensjahr an	
– Beschränkte Geschäftsfähigkeit – Beschränkte zivilrechtliche Deliktfähigkeit	– Zustimmung zu Rechtsgeschäften – Beschränkte Haftung für das Kind
vom vollendeten 12. Lebensjahr an	
– Bedingte Religionsmündigkeit (Zustimmung bei Religionswechsel) – Kinobesuch bis 22 Uhr	
vom vollendeten 14. Lebensjahr an	
– Bedingte Strafmündigkeit – Religionsmündigkeit – Führerschein für Mofa – Arbeit bis zu 3 Stunden täglich	– Keine Rechte bezüglich der Religionszugehörigkeit des Jugendlichen
vom vollendeten 16. Lebensjahr an	
– Ehefähigkeit – Eidesfähigkeit – Personalausweispflicht – Führerschein für Kleinkraftrad – Besuch von Gaststätten bis 24 Uhr – Kinobesuch bis 24 Uhr	– Beschränkte Aufsichtspflicht bei öffentlichen Veranstaltungen
vom vollendeten 18. Lebensjahr an	
VOLLJÄHRIGKEIT	– Ende der elterlichen Sorge (Unterhaltspflicht besteht weiter – in der Regel bis zur Beendigung einer angemessenen Ausbildung)

1. Welche Rechte und Pflichten sind dir besonders wichtig? Begründe.

2. Beschreibe wie sich die Rechte und Pflichten von Eltern und ihren Kindern bis zur Volljährigkeit ändern.

Bestellnummer 3-507-10348-6

Sozialkunde Arbeitsheft

Autoren:
Dr. Michael Bax
Bernd-Wolfgang Vahldiek

Karten und Grafiken:
P. Langner, Hemmingen
Voll, Fürstenfeldbruck

Titelbild:
dpa, Frankfurt/M.

Umschlag:
J. Kochinke, Holle

RECYCLING
Gedruckt auf umwelt-
freundlichem
Recycling-Papier
(100% Altpapieranteile)

ISBN 3-507-10348-6

Druck A [5 4 3 2 1] / 2002 2001 2000 99 98

Alle Drucke der Serie A sind im Unterricht parallel verwendbar, da bis auf Behebungen von Druckfehlern untereinander unverändert. Die letzte Zahl bezeichnet das Jahr dieses Druckes.

Satz: imprint, Söhlde
Druck: Spiegel Buch GmbH, Ulm

Bildquellenverzeichnis

Dr. M. Bax; Hannover: 4;
BzgA, Köln: 5.1.3;
Bavaria, Gauting: 7/Friemann;
Chemie GmbH Bitterfeld, Wolfen-Bitterfeld: 57.2;
Cometa, München: 8;
Europäische Kommission, Bonn: 51.1, 51.3;
H. Fabian, Wunstorf: 10.3, 41;
J. A. Fischer, Hannover: 3.1, 3.3, 5.2, 5.4, 5.8, 9.2;
Globus, Hamburg: 34, 43;
D. Griese, Hannover: 11;
W. Grosser, Wilhermsdorf: 10.2;
Huber Bildagentur, Garmisch-Partenkirchen: 57.3;
Archiv Mehrl., Maintal: 57.1;
Presse- und Informationsamt, Bonn: 32;
Projekt Total tote Dose, Göttingen: 55.2;
Schmidt Zahlenbilder, Berlin: 42;
Tigercolor, Rohlsdorf: 33;
H. Wessel-Schulze: 5.2;
Zefa, Düsseldorf: 3.2/Benser, 3.4/Wartenberg, 10.1.

3-507-10348-6

Schroedel

9 783507 103481